不朽丰碑

——蒙自市革命遗址

中共蒙自市委党史研究室
蒙自市地方志编纂委员会办公室 编

德宏民族出版社

《不朽丰碑——蒙自市革命遗址》编委名单

主　　编：杨树学

执行主编：曹　维

副 主 编：黄峻福

编　　辑：青　宇　　杨艳梅

摄　　影：曹　维　　肖克文

绘　　画：蒋黎曦　　龙连飞　　施建华　　王祖军

　　　　　杨永林　　赵建柱

前　言

习近平总书记指出："学习党史、国史是坚持和发展中国特色社会主义，把党和国家各项事业继续推向前进的必修课。"中国共产党在革命、建设、改革各个历史时期，带领中华民族展开了波澜壮阔的革命斗争和社会主义建设，取得了世人瞩目的伟大胜利，积累了丰富的历史经验。学习好中国共产党的历史，是新时期推动党和国家事业的迫切需要。

蒙自是云南最早接受革命洗礼的县份之一，是新民主主义时期革命火种在云南点燃第一把火的传奇之地，在中共云南地方党史上具有举足轻重的地位。蒙自丰富的党史资源，是蒙自人的光荣和骄傲，是我们身边的党史教材。

蒙自党史资源丰富。蒙自人民在大革命时期勇立潮头，引领革命风气。早在1927年，在中共云南地方组织诞生后不到半年的时间里，蒙自就有了革命的萌芽，成立了中共蒙自支部，是云南第一批成立的县级基层党组织。同年，中共迤南区委、中共蒙自县委在蒙自成立，革命力量迅速壮大。1928年1月，当省临委在昆明举办的党员训练班受国民党"清共"干扰无法再举办下去时，为保存革命力量，省临委将蒙自作为首选之地，省临委书记王德三、省临委委员吴澄带领训练班紧急转移到蒙自小东山村继续举办，为全省革命事业培养了一大批骨干力量。蒙自革命运动如火如荼开展，革命火种以蒙自为中心向滇南及全省各地蔓延，蒙自成为云南革命活动的中心。1928年秋，当云南革命面临新的形势，迫切需要召开一次全省性的党代表会议时，历史再次慎重地选择了蒙自。10月13日至14日，省特委在蒙自县芷村镇查尼皮村召开了中共云南第一次代表大会，会议通过了关乎全省革命大局的《中国共产党云南第一次代表大会决议案》，选举产生了第二届中共云南省临时委员会。此次会议，是中共云南党组织召开的第一次全省党代表大会，也是中共云南党组织在大革命和土地革命战争时期召开的唯一一次党代表会议，会议得到了党中央的批复认可，是中共云南党组织历史上具有重大意义的会议。

在抗日战争时期和解放战争时期，蒙自人民再次高举中国共产党的伟大旗帜，踏着先辈的足迹，为蒙自的解放事业作出了贡献，在云南革命斗争史上留下了光辉的一页。

在风雨如磐的斗争岁月里，革命先辈们跋山涉水，历尽艰辛，到农村、矿山、学校传播革命思想，领导工人、农民、学生开展了英勇的斗争，在滇南大地上留下了深深的足迹，英雄的故事久久传扬。革命者为了远大理想，和敌人进行了艰苦斗争，用自己的血肉无情地嘲笑了敌人的疯狂和愚蠢。王德三、李鑫、吴澄、杜涛、戴德明、巨伯年、杨逢春、佴三、马慧等一大批革命者用鲜血染红了云岭大地。革命先烈们为国家解放、民族独立鞠躬尽瘁、死而后已的大无畏精神在滇南大地上树起了一座座丰碑，指引着一代代蒙自人民继承革命传统开创更加美好的未来。

市委党史研究室、市地方志编纂委员会办公室编撰出版《不朽丰碑——蒙自市革命遗址》一书，从革命遗址的角度，把这些发生在本乡本土的党史作了全新梳理，为读者展现了可歌可泣的革命画卷，是广大干部群众学习地方党史的生动教材。

目 录

综　述

蒙自历史悠久，公元前 109 年（西汉元封二年），汉武帝置益州郡，在今新安所附近设贲古县，建县历史长达 2100 多年。1276 年（元至元十三年）废目则千户置蒙自县，建立蒙自县历史长达 730 多年。在历史长河中，勤劳、聪慧的蒙自人民在滇南大地上辛勤耕耘，创造了独具特色的灿烂文化。在风起云涌的革命斗争风潮中，蒙自人民勇立潮头，敢担重任，顽强抗争，在云南近现代历史上留下了浓墨重彩的一笔，形成了丰富独特的党史文化。

1927 年 4 月，中国共产党蒙自支部正式成立，直属省特委，是云南省第一批成立的县级基层党组织。同时，蒙自县农民协会成立，成为云南省成立农民协会最早的 11 个县之一。在中共蒙自支部的领导下，云南省妇女解放协会蒙自分会正式成立，属云南省第一批成立妇女解放协会分会的县城。1927 年 12 月，根据省特委扩大会议的决定，中国共产党迤南（蒙个）区委员会在蒙自成立，直属省临委，区委驻地蒙自县，属云南省成立最早的区委。与此同时，中共蒙自县委成立，直属迤南区委，是云南省成立最早的县委之一。蒙自县委成立，标志着省临委对蒙自地区革命斗争的重视，地下党在蒙自的领导力量得到进一步增强，为省临委工作重点转移到蒙自地区奠定了基础。在中共蒙自地方组织的领导下，蒙自地区农民运动、工人运动、妇女运动和学生运动开展得如火如荼，迅速点燃并掀起了蒙自地区工人、农民、学生、妇女的斗争风暴。1928 年 1 月，中共蒙自县委领导发动了中国共产党在云南组织领导的第一次武装行动——"小东山暴动"。同月，省临委组织的为贯彻八七会议精神，统一全党思想的党员训练班在蒙自培训一个星期。8 月，省临委为培养工农干部，在查尼皮村举办工农干部培训班。1928 年 9 月，根据中共中央和云南省临委关于武装贫苦农民，组织游击队的指示，在省临委和迤南区委的领导下，中共蒙自县委在小东山、查尼皮、新安所等地的农协会员中选调人员和枪支，组建了一支拥有30 余人枪的游击队，人们称之为小东山—查尼皮游击队，这是中共云南地方组织领导的第一支游击武装。1928 年 10 月 13 日，中国共产党云南第一次代表大会在蒙自县查尼皮村共产党员李开文的茅草屋内召开，会议通过了《中国共产党云南第一次代表大会决议案》，选举产生了第二届中共云南临时省委。这次代表大会是中共云南地方组织召开的第一次全省党代表大会，也是中共云南地方组织在地下活动时期召开的唯一一次党代表大会，在中共云南地方组织历史上具有极其重要的意义。

1928年10月，中共云南第一次代表大会作出了发展农村武装，准备秋收起义的决议，并决定在加衣组织秋收暴动。这次暴动虽然未能成功，但省临委第三次全委会议总结指出"是我们党在云南（被）清共后，第一次用土地革命的口号号召农民，在暴动的政策下领导农民的第一次斗争，给予云南党部一些斗争的实际经验与教训"。

1930年1月28日，中共云南省临委扩大会议在昆明召开，会议正式选举产生了第一届中共云南省委。随后，中共云南省委领导全省各地掀起了一系列的工农运动和武装暴动，引起了各地反动统治者的极度恐慌。国民党云南当局对革命力量实施了残酷镇压，省委主要领导相继被捕牺牲，中共云南省委机关完全被破坏，云南的革命斗争转入低潮。至1931年5月，共产党在蒙自的活动被迫停止。

1938年4月，西南联大文法学院搬迁到蒙自，西南联大师生的到来，使蒙自人民的爱国主义思想得到了进一步升华，蒙自的抗日救亡运动高潮迭起，对蒙自的政治经济文化特别是爱国热情产生了积极深远的影响。

1939年以后，日机疯狂轰炸蒙自，给蒙自各族人民的生命和财产带来了巨大损失，更激发了蒙自各阶层人士的抗日救国热情。在中国共产党抗日民族统一战线的旗帜下，蒙自各族人民万众一心，共赴国难，为争取全国抗日战争的胜利作出了重大贡献。抗日战争期间，中国共产党在蒙自尚未恢复组织活动，分散隐蔽在各条战线上的共产党员，以社会职业作掩护，积极开展抗日宣传活动，促进了全民抗日活动的蓬勃兴起，也为后来的革命斗争保存和发展了一批有生力量。

抗日战争胜利后，1947年1月，共产党员孔永清受党组织委派到蒙自恢复党的组织，在新安所地区建立了第一个革命工作据点，培养了一批骨干，继而开辟了蒙自文澜分校、蒙自县立初级中学等工作据点，为中共蒙自县委的恢复打下了坚实基础。1948年3月，蒙自县委恢复，县委认真贯彻党中央关于"长期打算、积蓄力量，发动战争，推动高潮，配合反攻形势，发动第二战场，准备里应外合，争取全国胜利"的国统区工作总方针及省工委、滇南工委的指示精神，以教师、工人等社会职业作掩护，占领城乡学校及企业、铁路车站等阵地，与反动警察、特务展开勇敢机智的斗争。党的基层组织在斗争中得到迅速发展。自1948年3月到1949年6月，县委先后在冷泉、草坝蚕种场、蒙自火车站、文澜分校、新安、蒙自中学、东村建立了 7 个直属党支部或共产党、民青混合支部。截至 1950 年 1 月 16 日蒙自解放前，中共蒙自县委先后建立了草坝、城中、东南、西南、芷莫、鸡街 6 个区委，党支部从原来的 7 个迅速发展到 18 个，共有党员 153 名，民青成员 300 余名。中共蒙自地方组织率领这支队伍，在农村、山区、工厂、车站等广泛发动群众，建立反蒋统一战线，深入开展农民运动，为武装斗争作准备。先后开展了冷泉剿匪、争取李天光的农民反蒋武装、大屯矿业公司的武装暴动、建立蒙屏护乡团、配合野战军解放蒙自等革命活动，为云南的彻底解放作出了重大贡献。

中共蒙自地方组织 23 年的革命斗争史，是用共产党人和革命志士的鲜血和生命谱写的。土地革命战争时期，曾经在蒙自开展革命活动的王德三、吴澄、李鑫、杜涛、黄明俊、巨伯年、戴德明、杨逢春、侔三等一大批共产党人惨遭敌人杀害。抗日战争时期，为唤醒同胞，共赴国难，在蒙自从事地下活动的吴玉夫，被反动派暗杀于蒙自南湖畔。解放战争时期，大批共产党人和革命志士不怕艰难困苦，不怕流血牺牲，深入农村、山区、厂矿、铁路沿线，宣传发动群众，开展工农运动和武装斗争，马慧、李秀云等血洒元江，为革命事业无私奉献出宝贵的青春。一大批革命先烈前赴后继，鞠躬尽瘁，死而后已，为新中国的成立，为中华民族的解放作出了巨大贡献，在中共蒙自地方史上留下了浓墨重彩的一笔，在南疆大地上矗立起一座座丰碑，指引着人们阔步向前，开创更加美好的明天。

蒙自市革命遗址分布示意图

草坝镇

20

25

12
碧色寨

西北勒乡

雨过铺镇

19

1 15
16
17
30
文澜镇
多法勒

4

7
6
查尼皮

10

黑龙潭火车站

小东山

31 8 13 18 5
复兴庄

2 3

9

芷村镇 11

32

29 14
新安所镇

下清水塘
上清水塘
21

芒村镇

27
何家寨

23
嘎龙

24
黑山

22

26 28
冷泉镇

期路白苗族

水田乡

（图中标记仅作简明示意，
不代表确切位置）

4

蒙自市革命遗址名录

1. 朱德故居
2. 小东山村革命活动据点
3. 中共云南省临委党员训练班旧址
4. 小东山暴动地
5. 迤南地区农会干部会议会址
6. 查尼皮村革命活动据点
7. 查尼皮游击队组建地
8. 蒙自火车站机修厂革命活动据点
9. 迷拉地火车站革命活动据点
10. 中共云南第一次代表大会会址
11. 胡志明故居
12. 碧山小学革命活动据点
13. 西南联大文法学院旧址
14. 新安所中心小学革命活动据点
15. 同心酱油厂革命活动据点
16. 文澜中心小学分校革命活动据点
17. 蒙自县立初级中学革命活动据点
18. 省立蒙自中学革命活动据点
19. 多法勒小学革命活动据点
20. 十六村中心小学革命活动据点
21. 清水塘地下交通联络站
22. 中共屏边县委建立地
23. 嘎龙村革命活动据点
24. 黑山地下交通联络站
25. 草坝蚕种场革命活动据点
26. 冷泉小学革命活动据点
27. 观音洞地下交通联络站
28. 冷水沟战斗地
29. 蒙自老飞机场战斗地
30. 闻一多先生纪念碑
31. 蒙自革命烈士纪念碑
32. 蒙自革命烈士陵园

民众教育馆

朱德故居

遗址简况

遗址分别位于蒙自世发街 12 号的天后宫（福建会馆）、铜房街 45 号民宅（民国时期为蒙自民众教育馆）。天后宫始建于清嘉庆六年（1801 年），2004 年 8 月被列为县级文物保护单位。

史实摘要

中国伟大的无产阶级革命家、军事家，党、国家和军队的卓越领导人，中国人民解放军的创始人之一朱德，一生为中华民族建立了赫赫功勋，其光辉事迹和崇高品格已永载史册，彪炳千秋。而鲜为人知的是，早年的朱德还与蒙自结下了不解之缘。

1909 年，朱德（当时使用的姓名为朱代珍）23 岁，当他得知云南陆军讲武堂招考新军学员的消息后，放弃教育工作从家乡四川仪陇到昆明报考云南陆军讲武堂。

朱德文化基础较好，考试合格，但因云南陆军讲武堂不招收外省人，朱德没有被录取，被编入步兵标当兵。

同年11月，陆军讲武堂再次招考，因朱德在步兵标当兵期间各方面表现优异，被推荐报考云南陆军讲武堂。此次报考时，他吸取上次没被录取的教训，改名为朱德，并将籍贯填写为"云南省临安府蒙自县"。这一次，"蒙自县人朱德"被云南陆军讲武堂顺利录取，享受公费待遇，编入丙班步兵科。朱德刻苦好学，各科成绩优秀，其中术科尤为出众。

1913年，朱德升任少校营长。同年秋，受蔡锷的委派调往滇南重镇蒙自驻防。于是，朱德来到他既熟悉而又陌生的蒙自。说熟悉，他的学籍身份是蒙自人，这个帮助他实现军校理想的地方

朱德
（1886～1976）

怎么会忘记呢；说陌生，朱德还是第一次踏上蒙自的土地。朱德到蒙自后，受到地方有名人士、地方官和各界绅士的热情接待，当时有一个蒙自地方绅士对朱德说："闻公曾以蒙自籍考入武校，从此建功民国，将来鹏程万里，吾邑亦有荣焉。"朱德动情地回答说："余川北寒微，得籍名邑福荫，考取武校，实受赐多矣。今后当以蒙自为余第二故乡，今日亦即还乡之日，幸各位父老兄弟有以教之。"朱德到蒙自的第二天，蒙自地方父老乡亲举行欢迎大会于城内文昌宫即自治公所（现蒙自阁学街蒙自老法院对面），并设宴招待。朱德与大家欢聚一堂，有说有笑，谈话十分投机，俨然游子回到久别的故乡。

当时的蒙自，社会形势异常复杂。云南光复后，大批被打散的清兵逃窜到滇越铁路沿线山区，与当地土匪相勾结，到处制造事端，扰乱社会秩序。蒙自是当时云南最大的通商口岸，是法国人掠夺云南财富的战略要地。贪得无厌的法国人在1910年滇越铁路修通之后，企图进一步扩大其在华利益，暗中支持滇南一带的土匪，意在以社会秩序混乱、需派兵保护铁路为名，从而派军事力量进入云南，扩大其云南境内的控制力。朱德驻防蒙自正是在这一背景之下当局作出的战略部署。

1913年秋，时任营长的朱德率部到蒙自驻防，机关部设于蒙自世发街的天后宫（福建会馆）内，士兵分散驻扎在蒙自西营盘（即新营盘，现蒙自新村南路116号

天后宫

对面驻蒙某部）和蒙自西林寺（现蒙自西林寺街东城派出所）内。朱德治军有方，部队纪律严明，令行禁止，官兵秋毫无犯，军民融洽。朱德到达防地后，立即占据要津，修筑坚固的围墙和堡垒。同时张贴布告，安定民心。短短几个月，就消灭了蒙自冷水沟（后改为冷泉）、蛮耗一带的几股匪群，公开处决了几个民愤极大的匪首。土匪活动顿时收敛了很多，百姓拍手称快，到处传颂着滇军营长朱德如何神机妙算用兵如神，他的部队如何英勇善战攻无不克的事迹。朱德的到来，粉碎了法国殖民主义者派兵入侵的险恶用心，在他的防区出现了百姓安居乐业的安宁景象。

　　1914年夏初，朱德率部移防建水。到建水后不久，朱德即部署了攻打作恶多端的方位匪群的战役，在建水冷水沟村一举歼灭了该匪群，并击毙匪首方位。1915年9月，刚晋升为副团长的朱德，再次部署了与建水大股土匪作战。朱德令部队兵分三路进攻盘踞于三个村寨相互勾结的土匪。部分匪徒被击毙，余匪一听朱德率部攻打，早已闻风丧胆，作鸟兽散，溃逃一空。

　　朱德在蒙自、开远、建水一带的剿匪实践，无疑丰富了朱德的战术思想。后来，已是八路军总司令的朱德对美国记者说："我用以攻击敌军而获得绝大胜利的战术，是流动的游击战术，这种战术是我从驻在中法边界时跟蛮子和匪徒作战的经验中得来的。我跟匪兵流动集群作战的艰苦经验中获得的战术，是特别有价值的战术。我把这种游击经验同从书本和学校得到的学识配合起来。"这种战术，又作为毛泽东军事思想的不可分割的重要组成部分，永远载入军史战史。

在建水驻防期间，朱德不时到蒙自取信件和报纸。有时他也会拜访他在蒙自驻防期间认识的法国商人，这个法国商人很乐意答复朱德提出的关于法国的生活和典章制度的问题，而且还将伏尔泰的著作介绍给他看。当时的国际城市——蒙自成了朱德放眼世界的一扇窗口。

1915年12月初，当上了上校团长的朱德移驻蒙自，住铜房街45号的蒙自民众教育馆（现为民居）。随后，朱德按唐继尧密令，率部参与了滇越铁路碧色寨火车站、开远站警戒任务，粉碎了袁世凯企图在蔡锷返回昆明途中将其暗杀的阴谋。12月中旬，朱德在蒙自街头邂逅了一位国民党的老朋友，那人鞠躬为礼，好像是遇到很面生的朋友似的，可是在鞠躬的同时，却匆忙传话，要他在当天晚上务必带着最信任的共和派军官到城外小庙见面。那天夜里，朱德等人到达会见地点后，朱德的老

朱德率部在蒙自誓师起义

朋友取出一块布头。原来那是蔡锷亲笔写的信，上面写明要大家按照传令人的命令行事。朱德和其他共和派军官们，利用起义前的时间，在蒙自训练新兵准备留下来卫戍边境。

12月25日黎明前，朱德率领特选精锐部队向师部进攻，准备让帝制派军官们缴械投降，可是那些军官们早已闻风而逃。黎明时分，朱德的部队在蒙自新营盘举行讨袁护国誓师大会，做了关于国内情势的报告，宣誓效忠共和。随即征用火车车皮，从碧色寨上火车开往昆明，加入到护国起义的滚滚洪流之中。

小东山村革命活动据点

遗址简介

　　遗址位于蒙自市文澜镇落龙庄村委会小东山村，距蒙自市区约 6 公里。2011 年 3 月，小东山革命活动据点被中共红河州委、州人民政府确定为红河州革命遗址。2013 年，市委、市政府投资 20 余万元在村小组活动室建成小东山革命历史陈列室，镶有"小东山革命活动据点""中共云南省临委党员训练班旧址"牌匾。陈列室展厅面积 50 余平方米。

小东山革命历史陈列室

小东山村

小东山革命历史陈
列室展厅

小东山村关圣庙遗址

史实摘要

　　1927年2月，滇南地区第一个蒙自籍共产党员杜涛从广州回到蒙自。杜涛回到蒙自后，以蒙（自）个（旧）联合中学教师职业作掩护，在县立小学举办半公开的学术讲习会，吸引了一批向往革命、追求真理的青年知识分子。杜涛发展了李国栋等加入了中国共产党，一批进步青年加入共青团，培养了一批革命骨干力量。1927年4月，中共蒙自支部成立后，为打开农民运动局面，开辟农村革命据点，即派党、团员到小东山村、倘甸村等地开展农运工作，很快就建立了迤南地区第一个农民协会。地下党在小东山村关圣庙开办农民夜校，举办培训班，培养团员和农会干部，小东山村成为地下党培养和训练干部的基地及地下交通联络站。1928年1月，省临委党员训练班由昆明转移到小东山村关圣庙继续举办。地下党许多重要会议和活动也在这里进行。这一时期中共蒙自地方组织在农协会积极分子中发展共产党员50余人，建立党支部10个（后调整为4个），建立了小东山革命活动据点。1949年6月，中共蒙自县委在小东山村王一平家建立中共蒙自县东南区委，小东山村成为中共蒙自县委与屏边沟通的重要交通联络点和转运站。

倘甸借粮渡荒斗争（蒋黎曦　画）

杜涛简介

杜涛
（1901 ～ 1929）

　　杜涛，云南省蒙自县倘甸村人（现属个旧市），原名友菊，字陶村，乡人习惯以"杜陶"相呼，改名杜涛。父杜毓春，是1910年的贡生，在乡里教书。母亲毛氏，贤淑温和，勤俭操持家务。杜涛有两兄一妹，全家六口过着清贫生活。他从小随父兄耕读，品学兼优。杜涛从学生时代起，就立下了"誓将头颅报中华"的誓言。"小东山暴动"后，他曾写道：

列强魔爪遍中原，河山破碎徒瓦全，
专制独裁窃权柄，地主豪绅欺小民。
工农大众尽牛马，深仇私怨气不平，
同心协力闹革命，誓将推翻旧政权。

小东山村原貌

小东山小学原貌

杜涛对列强瓜分中国及官僚、资本家和地主豪绅对人民的压迫剥削深恶痛绝，而对贫苦的百姓却怀满腔热爱。他生活俭朴，不吸烟，不饮酒，教书的薪水用来办义务小学，帮助学生购买文具书籍，自己却连一块怀表也舍不得买。一次，杜涛在街头买炭，看到卖炭人衣服又破又烂，杜涛付了炭钱后，将自己唯一的一套较新的衣服脱下来让卖炭人穿上，他却穿上了卖炭人的破烂衣服。在乡下工作期间，杜涛对农会会员关怀备至，有点好吃的就送给最穷苦的农协会员。无钱买米时，他就到山上挖野菜吃，而把仅有的一点粮食送给生病的农民。杜涛身材魁伟，声音洪亮，为掩盖龅牙特征，留了一脸大胡须。他知识渊博，又能与贫苦百姓同甘共苦，群众亲切地称他为"老杜涛"。杜涛在蒙自创立了第一个中国共产党组织，组织建立了蒙自工会、妇女解放协会、学生会、农民协会。他领导了小东山暴动，对转移到滇南的同志作了周密妥善的安排，为全省党的工作重心的转移作出了重要贡献。杜涛曾任中共蒙自支部书记、中共迤南区委委员、书记，中共云南省临委候补委员等职。

1928年11月7日，杜涛在迷拉地火车站刘林元处研究重整队伍，再行举事时，被团首李骈赅的团丁逮捕，先后被押解到蒙自、昆明。党组织和群众及亲属曾多方设法营救，但杜涛对劫狱、劫车等方案都不同意，他宁愿牺牲自己，也不愿损伤群众。被捕后，敌人千方百计想从他口中得到党的机密，先以高官厚禄相诱，继而施以酷刑相逼。在蒙自和昆明的法庭上，他始终大义凛然地痛斥敌人。法庭连续6次对杜涛进行了刑讯逼供，被折磨得伤痕累累的杜涛仍然坚持："活动则有，党羽则无，要杀要砍，听便！为国家、为人民、为革命，党羽就我一个人，再问几十次也只这一点！"他笑对死亡，坚信反动统治不会长久，"杀了一个杜涛，会有千万个杜涛站起来"，革命事业一定会成功。他对探视的亲友说："不要怕，共产党人不怕牺牲。"他在给亲人的信中写道："我已下定决心，宁为玉碎，不为瓦全""为革命而死，是分内之事""若怕死，革命又何能成功"，他希望大家"不必为我悲伤，要振作精神，革命到底"。在赴刑场的路上杜涛神色自若，沿途高呼："打倒大军阀！""打倒帝国主义！""共产党万岁！"1929年5月2日，杜涛被国民党反动派杀害于昆明地台。

蒙自解放后，杜涛被县人民政府追认为革命烈士。杜涛牺牲时，唯一的儿子杜凌云仅半岁。杜涛的妻子毛丽泉在蒙自女子小学任教员，因过度忧愤，两年多后因病去世，3岁遗儿杜凌云由外祖母抚养成人。杜凌云继承父志，新中国成立后加入中国共产党，曾任思茅地委宣传部副部长，现已退休。

蒙自烈士陵园内的杜涛烈士墓

李国栋简介

李国栋
（1907 ~ 1934）

李国栋（1907 ~ 1934），又名李科甲，出生在蒙自新安所小坡头村的一个农民家庭。青少年时期在蒙自念书，因参加进步活动，曾被当地反动政府抓捕，后由姓陈的老师保释出狱。1921年7月从昆明农校蚕科班毕业后，回到蒙自冷水沟马次邑（今属蒙自水田乡）小学任教。1926年，李国栋受其同学段嘉谷之聘到文山县洒戛竜小学任教。1927年在回家探亲期间，由中共蒙自支部书记杜涛同志介绍加入中国共产党，随即受党组织派遣继续回洒戛竜小学以教师身份为掩护，开展地下革命活动，成为党组织派遣到文山地区工作的第一位党员。

李国栋到了洒戛竜小学任教后，常常跋山涉水，走村串寨，深入少数民族村寨动员农民子女，特别是女孩上学。推行新法教学，实行各民族学生同校，男女同班甚至同桌，教育学生团结友爱，共同进步。动员女孩子剪辫子，放小脚。引导学生对社会问题进行分析思考，积极宣传革命思想。李国栋等在洒戛竜小学建立了云南最早的儿童团组织——洒戛竜劳动童子团。李国栋在学生中组织学生会，开办农民夜校，以《工农识字课本》为教材，教农民学文化，唱《工农兵大联合》等进步歌曲，积极传播新思想。李国栋因教育有方，1929年秋被推举为洒戛竜小学校长。

1927年底，中共洒戛竜支部成立。1928年1月，党支部组织成立了洒戛竜农民协会。李国栋、杨大经针对乱派军粮、乱收税款加重农民负担的问题，领导农民开展了减粮减税斗争，取得了初步胜利。1931年"九一八"事件后，全国人民掀起了反日救国的高潮。李国栋在洒戛竜成立了"反日救国会"，揭露了日本帝国主义侵

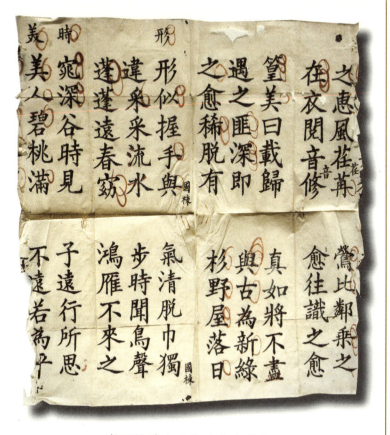

李国栋学生时期的书法作业

略中国的罪行，宣传抗日救国的道理，抵制日货。他带领农会会员和学生到村头、交通要道检查过往行商、马帮贩运的日货，查到日货后立即没收烧毁。

1932年，李国栋的活动受到反动派的怀疑，被迫离开洒戛竜小学，回到家乡本村教书。1934年2月，李国栋病故于新安所镇小坡头村，年仅27岁。

中共云南省临委党员训练班旧址

遗址简介

　　遗址位于蒙自市文澜镇小东山村 64 号蔡永寿家，距蒙自市区约 6 公里。原为小东山村关圣庙，也称关圣宫。"文革"期间，小东山村"造反派"以"破四旧、立四新"为由，持锄头、铁锨将关圣庙砸毁。原址现已建盖私人住宅。2011 年 3 月，中共云南省临委党员训练班旧址被中共红河州委、州人民政府确定为红河州革命遗址。2013 年，在村内建成小东山革命历史陈列室，镶有"小东山革命历史陈列室""省临委党员训练班"牌匾，建成省临委党员训练班纪念碑。

省临委党员训练班纪念碑

史实摘要

1928年1月，省临委为贯彻八七会议精神，在昆明临江里举办党员训练班，参训人员30余人。训练班在昆明举办一个星期后，由于国民党云南省政府开始清共，为保存力量，训练班由省临委书记王德三、省临委委员吴澄带领，紧急转移到蒙自县小东山村，在关圣庙继续举办。王德三、吴澄亲自为学员讲解社会发展史、辩证唯物主义与历史唯物主义等理论知识。训练班结束后，学员被派到云南各地工矿、农村开展工作。

王德三简介

王德三（1898～1930），1898年农历七月十五日出生于云南省祥云县下川坝王家庄。王德三先后就读于大理高等小学、云南省立第二师范学校、昆明私立成德中学、北京大学，1921年加入北大马克思学说研究会，1922年经邓中夏介绍加入中国共产党。1924年秋，受中共北方区委委派，王德三到陕北，在绥德第四师范学校建立陕北地区第一个党团混合小组。以后，他又到陕北榆林地区传播马克思主义，发展党的组织，培养了刘志丹、安子文、刘澜涛等一批重要干部，建立中共陕北特别支部。王德三先后任中共陕北特别支部书记、陕北地委书记。1925年秋，王德三回北大复学，任中共北京区委委员，参加北京工人运动的领导工作，并发起组织云南籍旅京学生进步组织云南革新社（后改名为新滇社）。7月，王德三等率领部分新滇社社员前往当时全国革命的中心广州，投入推翻北洋军阀统治的斗争，并任黄埔军校第四期政治教官。夏，应国民革命军第三军军长朱培德要求，周恩来和中共广东区委派王德三在广州大沙头第三军（滇军）军官学校开办政治工作人员训练班（简称广州大沙头政训班），王德三任班主任。参加政训班学习的40余名学员，以新滇社和云南青年努力会的成员为主，其中不少是共产党员、共青团员，并有28人在政训班加入中国共产党。

为加强中共云南党组织的力量，中共广东区委派王德三及在广州大沙头政训班学习结业的赵琴仙、张世瑾、朱韵楼、严英俊、赵祚传、刘玉瑞、杜涛、毕昌杰、张炽、张绍楚、孙荣贵、杨正元、卫秉礼、宋嘉琼等10多名云南籍学员，于1927年2月先后返回昆明。

王德三

（1898～1930）

王德三回到昆明后，根据中共广东区委的指示，开始着手扩大充实党的组织。1927年3月1日，在中共云南特别支部的基础上，建立中共云南省特别委员会（简称省特委），书记王德三，组织委员毕昌杰（4月到中央汇报工作，赵祚传接管组织工作），宣传委员张炽（4月到中央汇报工作，刘玉瑞接管宣传工作），委员还有李鑫、吴澄、赵祚传、孙荣贵。

　　1927年12月8日至9日，省特委在昆明召开扩大会议，选举产生第一届中共云南省临时委员会（简称省临委），书记王德三，组织委员赵祚传，宣传委员刘玉瑞，工运委员李鑫，妇运和共青团委员吴澄，军事委员李子固，委员还有严英俊、杨正元、吴少默等。会议还决定建立中共迤南区委、蒙自县委、中共个旧临时县委。

　　1928年6月18日至7月11日，中国共产党第六次全国代表大会在莫斯科召开，王德三代表云南党组织出席。11月11日，王德三从莫斯科回到云南，随后到全省各地巡视，传达党的六大精神，研究发展党员等工作。

　　1929年2月1日，根据省临委扩大会议关于将迤南区委改为迤南特别区委的决议，王德三在蒙自召开迤南区代表会，选举产生中共迤南特别区委员会（简称迤南特区委），王德三任书记。

　　1930年1月28日，省临委扩大会议在昆明召开，会议选举产生第一届中共云南省委，委员王德三、刘平楷、张经辰、李国柱、吴澄、吴少默、刘林元。省临委扩大会议后，省委召开全委会进行分工，书记王德三，组织部长刘平楷，宣传部长张经辰。

　　1930年11月19日，王德三离开昆明准备去上海，途经安宁长坡时，因叛徒出卖而被捕。王德三被捕后，敌人如获至宝，想尽办法威胁利诱，妄图从王德三的口中得到云南党组织的秘密，完全消灭云南的共产党组织，彻底扑灭云南革命的火种。国民党云南省政府主席龙云亲自审讯王德三，先用厅长等高官厚禄诱惑，后用严刑拷打逼供，王德三始终没有屈服。王德三在冰冷阴森的监狱中写下了上万字的《狱中遗书》。他在《狱中遗书》里告诉父亲："你的儿子是人世上最刚强、有志气的人，他只知道人类、只知道社会，没有一点自私自利的习气。不独你的儿子自己相信，人们都把他看待成一个有志节有能力的人物。"面对刽子手的屠刀，他坦荡自如，视死如归："儿自信不有做了什么对不起父亲，对不起人类的事情。儿非病死短命，是被人压迫去成仁就义。从表面看来，父亲活生生的儿子，儿媳最亲爱的丈夫，纪儿（王德三和马冰清的孩子，当时尚未出生）最伟大的父亲，被人夺去，是最可悲恸的事情。可是，父亲是最达观的人，古言说：'人固有一死，死有重于泰山，或轻于鸿毛！'儿已处此境地，如果要偷生苟活，那就要做出些无廉耻的事情，那时你儿子又有什么脸在人世上？天下人听见就要骂王懋廷（王德三）是个无耻的人……儿现时只有拿定主张，把身子献给人类了。"

王德三也有丰富的感情世界，有许许多多难以割舍的真情。他写道："父亲，人们只知道儿是个钢铁般的硬汉，他们哪里晓得儿是一个最富感情、最柔肠的小孩子！""儿最不放心的，就是那热爱难舍的媳妇，她为儿受尽一切人世的苦难……如果她一个人残存人世的时候，我不愿意她孤灯独守……想到那孤灯如豆、孤影独衾的境况，我为她如何难堪……我永远不会忘记她，我们的甜蜜生活，每一秒钟都引起她和我深刻印象，我爱到她的每一根头发。""父亲和儿媳，你们看了这信，可以知道我为什么忍着心离开你们……我希望儿媳、纪儿和侄儿们，勇敢地去做一个人！他们的丈夫、父亲和叔父学问很浅，性情偏执，可是他是一个真正的'人'，值得他们永久纪念的！"在王德三的面前，高官厚禄的诱惑、毒刑拷打的逼供，通通无济于事。为人民的翻身解放，王德三从容就义，时年32岁。他的父亲在祥云听到儿子牺牲的噩耗，万分悲痛。这位坚强的银须老人千里迢迢奔到昆明，亲自将儿子的遗体重新安葬，为他立碑，但因悲愤交加，竟未能返回祥云就在昆明与世长辞。

吴澄简介

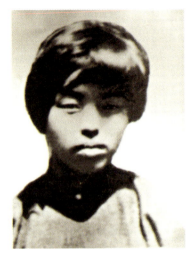

吴澄
（1900～1930）

吴澄，云南第一位女共产党员、云南党组织创建人之一、妇女运动的杰出领导者。作为早期中共云南组织的重要成员，吴澄把青春和热血汇入了中国革命的滚滚洪流，在为争取民族独立、自由和解放的伟大斗争中做出了卓越的贡献。

1900 年 6 月 8 日，吴澄出生于昆明一个书香之家。1910 年，吴澄考入省立女子师范附小一校读书。高小毕业后，吴澄以第一名的优异成绩考入省立女子师范预科。1919 年，五四运动爆发，爱国民主热潮席卷全国。吴澄首先在班里带领同学们读新书，探讨妇女出路问题。在她的带动下，成立了读书会。1926 年初，吴澄担任云南省共青团妇女支部书记，同年秋加入中国共产党，成为云南第一位女共产党员。1926 年 11 月 7 日，中共云南特别支部建立，吴澄任书记。1927 年 3 月 1 日，在中共云南特支的基础上，建立中共云南特别委员会，王德三任书记，吴澄等任委员。随后，云南省妇女解放协会成立，吴澄当选为主席。4 月下旬，吴澄出席中国共产党第五次全国代表大会和共青团第四次全国代表大会。年底，中共云南特委扩大会议选举产生第一届中共云南临时省委，吴澄任委员。1928 年初，吴澄被派到蒙自、个旧一带领导党的工作，她常常化装成农家妇女深入彝族、苗族山寨，学习少数民族语言，到群众中开展工作。6 月，中共中央在莫斯科召开第六次代表大会，王德三前往参加，吴澄代理云南省临工委书记。10 月，省临委在蒙自县芷村镇查尼皮村召开中共云南第一次代表大会，会议改选省临委领导成员，吴澄再次当选为委员。1930 年 1 月 28 日，第一届中共云南省委建立，王德三当选为书记，吴澄等当选为委员。

1930 年 12 月，由于叛徒出卖，吴澄和丈夫李国柱同时在昆明被捕。吴澄此时已身怀有孕，吴澄的老父亲怜惜女儿 30 岁才怀胎，希望能让女儿了却做母亲的心愿，不顾年迈之躯，四处奔走，苦苦哀求，但始终未能奏效。敌人对吴澄威逼利诱，只要她说出党组织人员名单，就可免遭毒打，但每次吴澄的回答只有三个字："不知道！"敌人无可奈何，拿出一张写好的悔过书，只要她在上面签名画押，便可保母婴平安，吴澄的回答也只有一句话："不签，死也不签。"在监狱中，她剪下自己一束乌黑的头发，咬破手指在白手绢上用血画了一颗鲜红的心，用一绺红线扎好，准备送给心爱的丈夫李国柱。终于有了一次难得的见面机会，他们深情对视，相互勉励。吴澄把包着自己头发的手绢递给丈夫李国柱，坚强地说："我们要意志坚强到死而无憾。我相信你会把血红的心珍藏到生命的最后时刻。"此时，她真想扑进丈夫的怀里，告诉他，在她的腹中，一个小生命已经在躁动。但是，她克制住自己，终于没有说出口。1930 年 12 月 31 日，李国柱、吴澄夫妇手挽手，肩并肩，在凛冽的寒风中，昂首挺胸，共赴刑场。

小东山 暴动地

遗址简况

　　遗址位于滇越铁路黑龙潭火车站（俗名石头坡），距蒙自市区约6公里。原建筑尚存，车站已经停用。2011年3月，小东山暴动地被中共红河州委、州人民政府确定为红河州革命遗址，2014年在遗址上建成革命遗址标志碑。

小东山暴动地——黑龙潭火车站

史实摘要

1928年1月，蒙自小东山村农民协会会员高自明的住房失火烧毁，农民协会帮助其重建新居。滇越铁路黑龙潭车站（俗名石头坡）巡警诬陷高自明偷砍铁路护路树木盖房，将高自明抓到滇越铁路黑龙潭车站路警分局捆绑吊打，并把高自明驮柴卖的一匹马也强行拉走，还说要罚款，并扬言要把高自明送开远路警总局查办。小东山村民听说此事后十分愤慨。杜涛召开党团员紧急会议，决定设法营救高自明，打击帝国主义及其走狗的嚣张气焰。杜涛先是委派农协干部与路警分局交涉，交涉无效后，便与蒙自县委委员孔发贵、共产党员巨伯年等率领小东山、布衣透、小红寨、灰土寨等村的农协会员和省

小东山暴动 （龙连飞　画）

临委在小东山举办的党员训练班学员和城区部分工人共200余人，持锄头、扁担、棍棒、梭镖及少量枪支，包围了黑龙潭车站路警分局，抗议巡警随意抓人，要求立即释放高自明。路警分局局长丁某指着杜涛威胁说："你敢聚众闹事，来人，把他抓起来！"杜涛忍无可忍，大喊一声："打！"丁某气急败坏，边骂边掏出手枪。枪声未响，被守在一旁的孔发贵一棒将手枪打落在地，狠狠一脚将其踢倒在地。丁某爬起来一颠一跛地跑了，其余巡警吓得四处躲藏。农协会员冲进铁路分局，救出高自明，并牵回被拉去的马匹。然后，从容集队，高呼"打倒帝国主义"的口号，唱着《国际歌》回到小东山村聚餐庆祝胜利。这次小东山农民的武装反抗斗争，被称为"小东山暴动"。它是中国共产党在云南组织领导的第一次武装斗争，它的胜利鼓舞了农民勇敢地加入农会，组织起来斗争。两个多月内，蒙自建立了农协会50多个，拥有会员上千人，蓬勃发展的革命形势为省临委工作重点转移到蒙自打开了新的局面。

加衣秋收暴动

1928年10月，中共云南第一次代表大会作出了发展农村武装，准备秋收起义的决议，并决定在加衣组织秋收暴动，攻打文山县老寨大地主甘寅东，夺取他的60多条枪、数十匹骡马，然后将这片地区开辟为游击区交通站。

加衣村位于蒙自、屏边、文山三县交界处，时属屏边县辖。加衣一带的村寨佃户因交不起租，甘寅东常带团兵到加衣追租逼债，将佃户们赖以生产的牛马拉去抵债，佃户对其早已恨之入骨。中共蒙自地方组织对农民运动的宣传发动工作由查尼皮延伸到加衣一带后，佃户们十分高兴，迫不及待地要求共产党领着他们去干，而

加衣暴动（施建华　画）

且要干就大干，即暴动夺取县城。

为领导好加衣秋收暴动，省临委成立了由杜涛为书记，陈廷禧、李开文、马逸飞、左建章等 11 人组成的行动委员会直接组织指挥这次行动。

行动委员会分析了当时的形势，一是加衣一带的农民已初步发动；二是滇军驻蒙自一〇〇师张凤春部已赴临安（建水）剿吴学显，双方正相持不下，蒙自驻军仅300 人，暴动时，滇军抽不出兵力前来增援；三是彝族头人祝天佑正纠集数百人由查尼皮附近的猛拉、鸣鹫，向甘寅东的走狗曹国总进攻；四是芷村车站工人因法国人非法撤换站长，有联合罢工的迹象。这些形势，为加衣秋收暴动创造了有利条件。行动委员会随即在加衣村召开蒙自、屏边两县 40 个村寨共 200 余名农民代表参加的会议。会议决定在 10 月 31 日，以云南民间"吃大赛"的习俗为名筹办伙食，集中2000 余人的队伍攻打老寨大地主甘寅东。待暴动成功，即建立由彝族党员李开文任师长的中国工农革命军第一师，成立苏维埃政权。会后，行动委员会派人到加衣、石马脚、老寨、查尼皮一带开展秋收暴动的宣传，组织武装力量。制作了工农革命军印鉴、红布符号及数面红旗，印制了行动委员会的宣言，告农民、士兵、土匪的传单及"时候到了，大家起来杀田主"等文告，作为发动群众的檄文。由于计划不周密，动员不扎实，组织不严密，芷村团首李骈贼及大地主杨七获知地下党准备举行秋收暴动，千方百计恐吓群众；敌情的突然变化，滇军一〇〇师张凤春部已回防蒙自，使部分群众产生畏缩心理；加之暴动前夜天降大雨，山洪暴发，路有阻隔，10 月 30 日夜，只有查尼皮、小东山、倘甸的农民武装到达加衣村。10 月 31 日晨清点人数，农民武装仅 250 余人。部分前来参加暴动者看到人少，对起义失去信心自行回家，最后剩下的农民武装不足百人。起义部队未能按计划集中，暴动已无法实现，行动委员会决定终止行动计划。12 月 11 日，中共云南省临委第三次全委会议总结了加衣秋收暴动的经验教训，作出了《临委对加衣斗争的决议案》，肯定加衣秋收暴动"是我们党在云南清共后，第一次用土地革命的口号号召农民，在暴动的政策下领导农民的第一次斗争，给予云南党部一些斗争的实际经验与教训"。《决议》总结了斗争失败的五条教训：一是领导者"没有详细的估量政治环境"，甚至斗争目标也不明确；二是"群众的基础非常薄弱"，群众没有把这场斗争看成是自己的斗争；三是"党的领导不坚决"，关键时候表现"动摇犹豫"；四是党"不懂得群众的要求，不了解领导群众的方式，不注意群众的政治调动"，而只是忙于军事布置和人数编制；五是"技术的准备也不充分"。

迤南地区农会干部会议会址

遗址简况

　　遗址位于蒙自市新安所镇复兴庄村 23 号，距蒙自市区 1.5 公里。遗址原建筑无存，现为村民新建民居。2011 年 3 月，迤南地区农会干部会议会址被中共红河州委、州人民政府确定为红河州革命遗址，2014 年在遗址附近的村级活动室前建成革命遗址标志碑。

史实摘要

　　1927 年 12 月，中共云南省特别委员会（简称省特委）召开扩大会议，决定党的工作重心逐步转移到以迤南为主要地区的工矿农村。随后，大批党、团员从昆明转移到迤南地区。1928 年 3 月，省临委委员吴澄在蒙自倮倮寨即今复兴庄吴华英家主持召开迤南地区农会干部会议，与会干部 40 余人。经过培训，从中选拔工人干部 2 人、农民干部 4 人，到工矿、农村开展工作。

迤南地区农会干部会议会址标志碑

查尼皮村 革命活动据点

遗址简介

遗址位于芷村镇白石岩村委会查尼皮村，距蒙自市区 25 公里，距芷村镇 6 公里。2011 年 3 月，查尼皮村革命活动据点被中共红河州委、州人民政府确定为红河州革命遗址，2014 年在村头学校旁建成革命遗址标志碑。村旁建有中共云南第一次代表大会会址，为常年开放的爱国主义教育基地。

查尼皮村全景

查尼皮村

史实摘要

　　1928 年 5 月，党组织派蒙自县委委员黄明俊深入查尼皮村开展革命工作。

　　查尼皮属蒙自市芷村镇的一个小山村，坐落在山腰间，周围草木丛生，站在山顶可以看见山间小道上来的人。1928 年全村只有 13 户人家，其中彝族 6 户、苗族 5 户、汉族 2 户。这一带是少数民族聚居区，农民长期受地主恶霸的压迫剥削，过着衣不蔽体、食不果腹的贫苦生活。黄明俊在小东山村农民协会会员的帮助下，以串亲戚的方式到查尼皮村，了解到村里从未办过学校，农民迫切要求办学，好让子女们有个读书的地方。他于是以小学教师的身份，在村前两间茅草房里办起小学校。他白天教儿童读书识字，晚上举办成人识字班。他还通过成人识字班及串门等方式，向农民宣传打土豪、分田地，抗租、抗税，争做大地主人的土地革命思想，鼓励各族人民团结起来，建立农民协会。黄明俊很快成为贫苦农民的知心朋友。

　　群众发动起来后，黄明俊在农民积极分子中发展第一批共产党员，建立党在蒙自山区的第一个党支部——查尼皮党支部。上级党组织及时加派干部到查尼皮协助黄明俊工作。这些干部以查尼皮为据点，以小学教师身份和串亲戚的方式，在查尼皮周围村寨农民中广泛串联，宣传发动群众，传播革命火种。短短三个月内，就在查尼皮、石马脚、戈姑、莫别、岩蜂窝、老寨、鸣鹫、小塘子、八寨、期路白、加衣等十几个村寨发展共产党员80余人，建立起党支部20个（后调整为4个）；建立起农民协会（对外称农民联合会）10余个，发展会员近800人。党的工作延伸到靖边、开化、阿迷境内。1928年1月，国民党云南省政府组成"清共委员会"，发布清共密令，在全省范围内下令抓捕共产党员及革命人士，造成各地工会、农协会等组织停止活动。4月，中共云南特委扩大会议决定，将党的工作重点转移到迤南地区。为此，查尼皮成为国民党云南省政府清共后党组织在蒙自新开辟的又一个工作据点，成为党的工作重心转移后省临委、迤南区委和蒙自县委从事革命活动的重要地区。党组织的许多重要会议和重大活动都在这里进行，党的大批干部如王德三、李鑫、吴澄、马逸飞、吴少默、杜涛等都到查尼皮工作过。1928年8月初，为培养工农干部，省临委在查尼皮村举办工农干部培训班，参训人员17人，其中工人3人、农民10人、学生4人。

　　1928年9月，蒙自县委在小东山、查尼皮、新安所等地的农民协会会员中选调人员，筹集枪支，组建了查尼皮游击队。10月13日，中共云南第一次代表大会在查尼皮村召开。1929年春，省临委书记张永和在查尼皮村主持召开迤南区工作会，听取迤南区党组织和工农运动情况的汇报，强调开展农村武装斗争，抓紧做好工运工作。4月，蒙自县委在查尼皮村及附近一带建立山后区委。

查尼皮小学教学楼

查尼皮村民居

查尼皮村党员活动室

1930年底，由于国民党反动派对革命的疯狂镇压，中共云南省委机关遭受严重破坏，全省范围内党组织被迫停止活动。

1949年6月1日，在新安所镇任教的共产党员喻秉坊等在查尼皮村发展李向阳（李开文之子）、杨自林等5人入党。8月，重新恢复查尼皮党支部，书记李向阳。

查尼皮小学

黄明俊简介

黄明俊
(1904 ~ 1928)

黄明俊，1904年4月生于昆明。1926年在昆明成德中学读书时参加李国柱创办的青年努力会，积极参加学生运动，任云南省会学联主席。1927年加入中国共产党。中共云南地方组织工作重心转移后，受组织委派先后到弥勒、蒙自开展革命工作。曾任中共蒙自县委委员。1928年5月，受党组织派遣，到蒙自县芷村镇查尼皮村开辟革命工作，他以小学教师的身份作掩护，白天教书、晚上举办农民识字班，广交农民朋友，传播进步思想，发展李开文、伲三等农民积极分子加入共产党，建立起查尼皮村党支部。在上级组织加派的同志协助下，短短3个月内，就在查尼皮等10余个村寨中发展中共党员80余人，建立党支部20个（后根据斗争需要调整为4个）。同时，建立了10多个农民协会（对外称农民联合会），发展会员800余人，查尼皮由此成为中共云南地方组织工作重心转移后的重要工作据点。1928年8月，省临委和迤南区委准备在蒙自与靖边交界地加农村组织秋收暴动。为争取少数民族武装，策应秋收暴动，党组织派黄明俊以小学教师身份，前往靖边做苗族武装首领王小章的争取工作。王小章误认为黄明俊是官府派来的暗探，将黄明俊杀害于靖边干沟村。黄明俊牺牲时年仅24岁，是迤南地区的第一个革命烈士。

查尼皮 游击队组建地

遗址简介

遗址位于蒙自市芷村镇查尼皮村，距蒙自市区25公里，距芷村镇6公里。原为查尼皮村李开文家茅草房，1930年后焚毁于火灾。1989年按照"修旧如旧"的原则重修，现为中共云南第一次代表大会会址的核心建筑之一。2011年3月，查尼皮游击队组建地被中共红河州委、州人民政府确定为红河州革命遗址，2014年在村小学校旁建成革命遗址标志碑（与查尼皮村革命活动据点合并为一座标志碑）。

查尼皮村

史实摘要

大革命失败，给共产党人以血的教训，在武装斗争问题上的教训尤为深刻。1928年2月23日，省临委制订《云南的军事工作计划》，认为"过去的失败，完全是因为太相信政治工作的力量，忽视了军事指挥权，所以，投机的军官们依然拥据着他们的权力，对于我们可以自由驱逐和杀害"。省临委分析军事政治形势，提出建立武装的12条途径，归纳起来，立足点都在于必须由共产党直接掌握军权。

1928年9月，根据中共中央和省临委关于武装贫苦农民、组织游击队的指示，按照《迤南区秋收暴动计划》，在省临委和迤南区委的领导下，蒙自县委在小东山、查尼皮、新安所等地的农民协会会员中选调人员，筹集枪支，组建了一支拥有30余人枪的查尼皮游击队。队长由查尼皮村农民党员侔三担任，副队长由新安所小坡头村农民党员李自高担任。

查尼皮游击队是中共云南党组织领导的第一支游击武装。游击队配备的武器有制式长短枪和土造枪支。蒙自县委书记陈廷禧还教会游击队员用罐头铁盒装砂子、火药加上引线，制成土炮、爆炸筒。查尼皮游击队建立后，承担了在查尼皮召开的许多重要会议及省临委领导出入的安全保卫工作。

1928年3月，迤南区委派党员张乃猷到文山洒戛竜小塘子村开展工作。冬，张乃猷发动当地苗族群众，在小塘子建立一支拥有30余人的武装游击队，称为小塘子游击队。1929年春，文山县老寨（今属蒙自县）恶霸地主甘寅东及当地团保的团首李增辉感到小塘子游击队的存在对自己是个极大的威胁，扬言要扫荡小塘子村，并派老寨农民周小番前去打探小塘子游击队的虚实。周小番将情况如实转告小塘子游击队。张乃猷获悉后，一面安排小塘子游击队做好战斗准备，一面写信给蒙自县委请求武装支援。

蒙自县委接到信后，经省临委和迤南特区委同意，立即派查尼皮游击队队长侔三带领30余人枪前往文山增

麦冲歼匪（王祖军 画）

查尼皮游击队的重要岗哨——三棵树

援小塘子游击队。伫三不顾正重病卧床的两个孩子，毅然率队赶到小塘子村，与小塘子游击队共同设下埋伏，准备歼灭进犯之敌。国民党团首李增辉探知小塘子村已有戒备，一星期过去了，仍不敢踏进小塘子村一步。伫三完成任务奉命撤回，到家后才知道自己的两个孩子已离开人世。伫三强忍悲痛，仍像往常一样坚持革命工作。

蒙自东村董永寿、董永奎两兄弟聚集10余人枪上山为匪，国民党地方政府多次清剿无果，只好将他们招安，并让他们带队保路。以董永寿、董永奎为首的"保路队"以保路为名，在小东山通往芷村、查尼皮的必经之路麦冲一带设卡，抢劫商旅，奸污妇女，引起民愤。省临委交通员左建章路经麦冲，也被"保路队"搜身，索要过路费，并抢去手枪1支。为帮助地方百姓除害，党组织决定由查尼皮游击队铲除"保路队"武装。1929年12月的一天夜里，在队长伫三的率领下，查尼皮游击队赶到麦冲，趁天黑将"保路队"人员居住的小土房包围起来。伫三一声令下，各种长、短枪一齐开火，顿时，小土房内乱成一团。游击队员随即投掷了10余枚自制土炮，将小土房炸塌。这次战斗，除董永寿、董永奎逃脱外，共毙敌9人，缴获长枪9支，解救妇女2人。后来，查尼皮游击队将董永寿、董永奎击毙于东村。周围群众听到这一消息后，无不拍手称快。此次行动史称"小麦冲歼匪"。

小麦冲村

侔三简介

侔三（杨三），1906 年生，祖籍为蒙自鸣鹫，后迁查尼皮村。侔三本是村里年轻人的领头人。1928 年地下党到村里开展工作后，侔三深受革命教育，不久就加入中国共产党。1928 年 9 月，中共蒙自县委在各地农协会员中选调人员和枪支组建了有 30 余人、枪的查尼皮游击队，侔三担任队长。查尼皮村作为云南地下党活动的重要据点，侔三带领游击队承担了经常来往这里的地下党重要领导人外出安全及多次会议的保卫任务。1929 年春，文山小塘子游击队将与当地恶霸地主及团首作战，请求蒙自县委派武装支援。侔三顾不上家里重病待医的两个孩子，毅然带队支援。一星期后完成任务回家，两个孩子已病殁。他强忍悲痛

侔三
（1906 ~ 1930）

依然坚持革命工作。蒙自东村董氏兄弟二人纠集 10 余人在小东山前往芷村、查尼皮必经之地的麦冲设卡，以"保路"为名抢劫路人、为害百姓。1929 年 12 月，侔三率队连夜捣毁匪巢，毙敌 9 人，缴枪 9 支并解救被劫持妇女 2 人。侔三的威名引起敌人的恐慌和仇恨，1930 春，文山地霸重金收买土匪将侔三杀害，遇害时年仅 24 岁。

蒙自烈士陵园内的侔三烈士墓

蒙自火车站机修厂革命活动据点

遗址简介

　　遗址位于蒙自市区北部老火车站内，原建筑已拆，原址上已建盖职工宿舍。2011年3月，蒙自火车站机修厂革命活动据点被中共红河州委、州人民政府确定为红河州革命遗址，于2014年在职工宿舍小区入口处建成革命遗址标志碑。

蒙自火车站机修厂遗址

史实摘要

1927年，共产党员杜涛在个碧铁路蒙自车站机修厂创办工人夜校，仅个碧铁路蒙自车站和机修厂就有近30名铁路工人到夜校听课。经过培养，杜涛发展蒙自机修厂工人朱寿康、吴镇祥等入党。同年，受省特委委派，共产党员梁福如、巨伯年分别到个碧铁路蒙自车站和机修厂从事工运工作。

个碧铁路蒙自车站和机修厂是工人较为集中的地方。蒙自机修厂的工人主要来自云南和广东，厂长袁植山及把头（监工）枝培元、阮金为便于掌控工人，人为地将工人分成云南帮和广东帮。两个帮派的工人见面常常争吵，仇怨越结越深。枝培元还在云南帮工人中建立假工会，以缴纳会费为名，强行克扣工人工资，中饱私囊。逢年过节，两个帮派的工人都得给厂长、把头及厂方聘来的法国工程师莫洛送礼，如若不然，把头和工程师就会找茬，任意打骂甚至开除工人。但是，工人对把头克扣工资和洋工程师的打骂敢怒不敢言。

巨伯年、梁福如了解到工人的疾苦后，决定先把工人团结起来，再同压迫剥削工人的厂长和把头作斗争。巨伯年、梁福如先在个碧铁路蒙自车站和个碧铁路蒙自机修厂的工人中串联，与工人们谈心、交朋友，组织一批进步工人成立俱乐部，后改名为劳工堂。巨伯年、梁福如利用劳工堂活动的时机，向工人们揭露蒙自机修厂把头枝培元建立假工会的真面目，宣传工人阶级是一家，同样受着资产阶级的压迫剥削，要想得到自由和解放，工人们必须团结起来，与资本家、把头及洋工程师莫洛作斗争。在巨伯年、梁福如的领导下，蒙自机修厂工人反对把头克扣工人工资的斗争取得胜利。斗争的胜利进一步鼓舞了工人，劳工堂推举工人代表向蒙自机修厂厂长袁植山提出撤换把头枝培元和不准洋工程师莫洛打骂侮辱工人的强烈要求。斗争持续1个多月，虽然把头枝培元未被撤换，但增进了工人的团结，两个帮派的界限清除了，工人间的仇怨化解了，越来越多的工人参加了劳工堂。1927年7月，在劳工堂的基础上成立个碧铁路蒙自车站机械工会，工人们一致推选梁福如为工会主席。

1928年10月，个碧铁路蒙自机修厂工人在工会的领导下，发起要求缩短劳动时间、每天工作不超过8小时，学习文化1小时的斗争。工人们推举共产党员巨伯年、梁福如、梁贵为代表，直接与机修厂厂长袁植山交涉。袁植山开始不答应，工人代表们据理力争，并表示若厂方不同意，全厂工人立即罢工。袁植山害怕工人罢工造成重大损失，被迫答应工人代表们提出的要求，缩短了工人劳动时间，斗争取得了胜利。

1929 年 2 月，建立个碧铁路蒙自车站党支部，书记巨伯年，直属蒙自县委领导。蒙自车站党支部建立后，巨伯年积极向工人宣传革命主张，工人觉悟有所提高，很快组织了 20 多名工人参加的弟兄会。3 月，个碧铁路蒙自车站党支部组织个碧铁路全线员工举行要求加薪的罢工斗争，罢工斗争持续 1 个星期。由于工人

蒙自火车站现状

们的坚强团结，个碧铁路公司被迫同意加正薪 20%，加津贴 20%，罢工斗争取得胜利。这次罢工斗争，是云南铁路史上第一次工人大罢工。

1929 年 4 月，在个旧锡务公司开展工运工作的李鑫、戴德明、杨逢春被捕，敌人在搜查杨逢春住所时，发现了党组织的刊物及与巨伯年往来的信件，巨伯年、吴镇祥随即被捕，李鑫、戴德明、杨逢春、巨伯年于 1929 年 5 月 16 日在蒙自城西门外石墙子英勇就义。

1947 年，在新安所中心小学（简称新安小学）以教师职业为掩护开展工作的孔

遗址标志碑

永清，派新安小学教师、民青成员李自来到个碧石铁路蒙自机修厂活动，发展该厂进步青年史承典加入民青。1948年10月，蒙自县委委员赵希克介绍史承典入党。11月以后，蒙自县委在火车站和机修厂先后发展郑里万、李楷、杨恒生等19人入党，吸收刘顺德等10人加入民青。1949年3月，恢复蒙自车站党支部，书记史承典。

在个碧石铁路蒙自火车站，由于通货膨胀，纸币形同废纸，工人领到的金圆券连维持生存的食品都买不起，许多家庭因此断炊，全靠借贷度日。蒙自火车站党支部串联发动机修厂工人，联名向厂长提出3项要求：（一）按月下发工资，厂方不得拖欠，已拖欠的工资要立即补发；（二）工资由金圆券发放改用半开发放；（三）增加工资，改善工人生活条件。机修厂厂长为拖延时间，借口要向个碧石铁路公司请示。这时个碧石铁路公司冯协理从个旧乘火车路经蒙自去昆明，被职工发现，100

蒙自火车站大门原貌

42

余名职工立即将冯协理包围起来，要求冯协理立即答复工人们的要求，不然就宣布罢工。冯协理推托说要回公司汇报后才能解决，愤怒的工人在党支部的领导下当即宣布罢工。罢工持续了3天，个碧石铁路公司被迫答应工人提出的前两项要求。

1950年1月16日，个碧石铁路蒙自火车站机修厂党支部组织成立工人纠察队，日夜站岗放哨巡逻，协同人民解放军维持秩序、保护工厂，防止敌人破坏。工人纠察队还在南湖里打捞起国民党军逃跑时推进湖中的三部军用汽车，并立即修好，送给解放军。机修厂工人党员杨恒生亲自驾驶机车，运载解放军追歼逃往个旧之敌。

巨伯年简介

巨伯年，1905 年生于昆明，初中毕业后即到滇越铁路昆明南站机修厂学技工。1927 年加入中国共产党，不久受组织委派至个碧石铁路蒙自火车站机修厂从事工人运动。他与中共党员梁福如等一起组织进步工人成立了"劳工堂"，在此基础上于 1927 年 7 月成立了蒙自机械工会，领导铁路工人进行过多次斗争，培养了一批工人骨干并发展成为党、团员。1929 年 2 月，中共蒙自火车站支部成立，巨伯年任书记。1929 年 3 月，在党支部和巨伯年的领导下，举行了个碧铁路全线员工要求加薪的大罢工，参加罢工人数达 3000 余人，成为云南铁路史上第一次工人大罢工。巨伯年、梁福如等代表工人同铁路公司进行了针锋相对的斗争，罢工持续一个星期后，以铁路当局被迫给工人加薪 20%，加津贴 20% 而取得胜利。1929 年 4 月，在个旧锡矿领导工人运动的李鑫、戴德明、杨逢春被捕。因敌人在杨逢春处搜出他与巨伯年、吴镇祥来往的信件，巨伯年、杨逢春、吴镇祥被捕。同年 5 月 16 日，巨伯年与李鑫、戴德明、杨逢春一起在蒙自石墙子被敌人杀害，牺牲时年仅 24 岁。

巨伯年
（1905 ~ 1929）

蒙自烈士陵园内的巨伯年烈士墓

杨逢春简介

杨逢春（龙连飞　画）

（1905～1929）

杨逢春，1905年生于昆明。其父早亡、母改嫁，家境十分贫寒。只上过小学就学裁缝，后到云南模范工艺厂学车工。接触到地下党组织后成了工运的积极分子。1928年他被中共云南地方党组织派往个旧马拉格矿当"砂丁"，负责马拉格与蒙自机修厂的地下联络，协助李鑫工作。

1929年4月，李鑫、戴德明领导发起的锡矿工会罢工胜利后，在策划新的斗争时被敌人发觉，矿警突袭搜查时从杨逢春处搜出《工农兵丛刊》及与蒙自机修厂巨伯年的信件。杨逢春被捕后，与李鑫、戴德明一起在个旧遭受一个月的残酷刑讯，但他"死也不说"，后被押往蒙自道尹公署。1929年5月16日，杨逢春与李鑫、戴德明、巨

伯年一起在蒙自西门外石墙子英勇就义。杨逢春年仅24岁就为党的事业牺牲了，不仅没有留下一张照片，甚至连政治面貌也难以确认。但他在党的领导下为工人阶级的解放而献出年轻生命却是不争的事实，更是一位默默无闻却值得后人永远敬仰怀念的革命先烈。

蒙自烈士陵园内的杨逢春烈士墓

个碧石铁路简介

　　个碧石铁路，1915年动工兴建，1921年由碧色寨经蒙自、鸡街通车至个旧，长73公里；1928年由鸡街通至建水，长62公里；1936年由建水通至石屏，长41公里。个碧石铁路修筑历时21年零5个月，总长177公里，耗资1900余万元。个碧石铁路是中国第一条商办铁路，是国内唯一的轨距为60厘米的窄轨铁路。个碧石铁路修建时间之长、运行速度之慢，堪称世界之最。

　　1910年，滇越铁路通车引起了清朝王公大臣的恐慌，认为法兵开进云南，云南就得拱手送法国人不可，积极倡议修建连接云南与四川的滇蜀铁路以望借交通之利与法国人抗衡。奏折很快得到了清廷批准，并下令在随粮随盐认股的同时开征个旧锡捐。锡捐每张大锡（重5000余斤）抽收银子50两，后改收银币72.29元，炭捐每一个炭（一座炉燃24小时所需炭为一个炭）捐银币3元，作为滇蜀铁路股金，议定认股100万两，抽足即止。宣统年间，个旧矿商目睹铁路运输与畜力运输间的巨大差距，终于按捺不住，他们认为本地人出那么多资金，而要修的滇蜀铁路对个旧一带运输没什么好处，况且滇蜀铁路开工遥遥无期，于是向政府倡议修个碧铁路，将滇蜀公司已收锡炭股款拨作个碧铁路股本。1912年，辛亥革命爆发，清朝政权寿终正寝，滇蜀铁路修建事宜搁了下来。同年，个旧矿商第三次联名上书云南都督蔡锷请求修筑个碧铁路。终于，矿商们的决心和付出没有白费，蔡锷批示："该绅商等倡议筹款，足见关心桑梓，注意交通深切，嘉尚所诂，继续抽收锡炭股并添收砂股，以供路需，各节均准照办，在路车未成以前，不准轻易停止，仰即遵照。"同时他界定个碧铁路主权问题及性质："此路利害，商款商办，主权在民。"1913年，云南都督府召集股东代表进省商议，决定由滇蜀铁路公司与个旧股东组织官商合办公司，按各50%入股，议定由滇蜀公司入股100万两，若不足时再由该公司借款50万两。于是，省府委派了公司总理负责领头筹办，成立个碧铁路公司开始办公（先是在蒙自西门外三角塘顺成号货仓内，后来搬到个旧）。1914年，个碧铁路公司制订《个碧铁路股份有限公司章程》并呈省府转报交通部核准，公司名称确定为"个碧铁路股份有限公司"，官民合办铁路由此正式确定下来。资金的主要来源在个旧矿山，在征收锡捐炭捐外，再加收砂股（每矿一桶，抽银币1元），俗称为"锡砂炭股"。

个碧石铁路罢工（王祖军　画）

1917 年，云南省都督府认为个碧路线无利可图，在急需用钱之际不能将资金投入无利的行业，于是将以前个旧自治公所截留之股款及滇蜀路局先后交个碧公司之股款，连同划拨锡务公司欠款，凑合 100 万两，拨还锡炭股东，由股东自行直接加入个旧路股。从此滇蜀公司与个碧公司手续两清，个碧铁路走上纯粹商办的轨道。为方便收存股银及筹集路款，时任个碧铁路公司总理陈鹤亭创造性地提出设立个碧铁路银行，发行股票筹集资金的方案得到时任云南都督唐继尧的批准。1918 年 8 月，个碧铁路银行成立，总行设在个旧，在蒙自、建水、昆明、香港设立 4 个分行，先后发行 4 次纸质兑换券，总计 899 万元。个碧铁路银行发行的兑换券先后在多家印刷厂印制。后因纸质粗糙、印刷低劣，流通不久便字迹模糊、票面破损、真假难辨。1933 年省政府对个碧铁路公司整顿时，勒令收毁个碧铁路银行所发行的纸币。整顿结束时，铁路银行先后四次收毁纸币（兑换券）350 多万元，尚有 530 多万元流通市面。1939 年初，个碧银行对外停止营业。个碧铁路银行的成立，在个碧铁路资金的筹集、管理上发挥了巨大作用。

个碧铁路修建的机构、资金都有了着落，遴选工程师勘测路线就是头等大事。当时国内人才缺乏，只得借才外国。开始是聘请德国工程师多莱，多莱主张由碧色寨起，沿长桥海直到雨过铺，由鸡街经草里苑抵达个旧。该线不经乍甸进入个旧，高程较高，可以降低进入个旧的坡度，在轨距上主张与滇越铁路同轨。这条路无疑是经济合理的，但时任个碧铁路股份公司协理周柏斋等认为此前就放过滇越铁路通过蒙自的机会，这次修个碧铁路不能再放过，坚决要求个碧铁路要走蒙自。其余股东认为绕十多公里路程，投资太大，纷纷反对。更有一部分人听说个碧铁路与滇越铁路同轨，杞人忧天，认为法兵一旦打来，个旧一定不保。最终多莱所勘路线未能通过，多莱只好一走了之。

尼复礼士本是做铁路材料、五金生意的，为拉生意，他毛遂自荐，大肆吹嘘，迎合股商意愿，被聘请负责勘测个碧线路。在线路问题上，后来蒙自代表承诺除抽股之外，再由蒙自补助路款 40 万元，绕道蒙自方案才得予通过。而鸡街至个旧的路线，本应经鸡街东面，过草里苑直趋个旧，此线比较平稳，但因占用农田较多，并且大多数为周柏斋所有。周柏斋以私害公，授意尼复礼士另由泗水庄、乍甸方面勘测。此线坡度陡急，弯线复杂，隧道多而长，行车危险，终究铸成大错。铁路建成后，本来个碧石铁路设计时速为25公里，但在这一段通常只有10公里的时速，成为世界上最慢的火车。在轨距问题上，有人认为滇越铁路的轨距为1米，修筑个碧铁路，轨距也应当为1米，以便日后联运。但因当时的厂商对于修筑铁路发展交通运输的作用没有长远的认识，同时有投资越少锡砂炭股就抽得少的私心，便形成了"个旧不过是一矿区，需要运输货物不会很多，修筑1公尺（1米）轨距的大铁路，用费太巨，难以筹措，修成以后，运输货物有限，收入不足以养路，亦成问题，不若修筑6公寸（60厘米）轨距的小铁路，用费较省，成功亦速"的共识。同时，尼复礼士邀请厂商代表到越南考察这一类型的矿山铁路，代表们走马观花一番考察，就下了"小火车爬山越岭异常灵活，适合于个旧使用"的结论，于是最终决定个碧铁路修成60厘米轨距的小铁路。

个碧铁路1915年动工，1919年通车至鸡街开始营业，1921年通至个旧，个碧全段始告完成，正式通车营业。个碧铁路建成正式通车后，接着修筑由鸡街至临安的鸡临铁路，总工程师为留美回国的福建人萨少铭，广东人李国钧任副总工程师，另有技术员吴融清等人参与勘测设计。他们建议，个蒙临屏间的交通运输，以后日趋发达，小铁路的火车，不足以应付，鸡临铁路应修成宽基窄轨，修成以后仍用60厘米轨距与个碧铁路联为一体，等到滇越铁路收回或者广州思茅线开通时，即将轨距改为1米以资连接。他们的先见之明得到了采纳，并在1969年将寸轨改造为米轨时得到验证，节约了不少投资。至1928年，鸡临段竣工通车。

鸡临铁路修成通车以后，又接着修筑由临安至石屏的临屏铁路，总工程师由李国钧担任，副总工程师由吴融清担任。在李国钧辞职后，总工程师由吴融清继任。临屏段比鸡临段短，本来应当在不长的时间内就可以完成，但1931年公司总理陈鹤亭病故，同时省建设厅厅长张邦翰出面主张将铁路收归省有，内忧外患接踵而至，以致临屏路工程停滞数年，直至省政府成立整理公司委员会对公司整顿结束后，临屏段才得以推进，到1936年才全线竣工通车。

个碧石铁路采取修好一段运营一段，再修下一段的方式推进，这样的方式虽然在资金的周转上带来了方便，但无疑使公司在管理上事务过于繁杂，加之缺乏管理经验，在相当一段时期里，个碧石铁路机构臃肿，人浮于事，管理混乱，效益并不理想。1933年，云南省政府以公司管理不善为由，组织成立整理公司委员会对公司进行整顿。整理委员会认为，"公司的最高权力机关，莫如股东大会，股东大会既不能正式召集，自无由行使最高权力，如修改章程，选举董监等事，皆将无从着手，本会此次奉令整理，在使公司自身有健全的组织，自非将章程重加修订，选出正式董监不可，而欲完成此项任务，自非召集股东大会不可"，于是一面由公司积极登记股权，以便召集股东大会，一面由整委会拟定章程草案，形成《云南民营个碧石铁路股份有限公司章程（草案）》以备送交股东大会讨论通过施行。同年11月，股东大会通过了公司章程，董事、监察等依照章程选举出来了。公司章程经省府转报铁道部得到核准，从此公司的名称定为"云南民营个碧石铁路股份有限公司"，铁路的名称定为"个碧石铁路"。同时，对公司组织机构进行重组，裁减冗员、调整机构、清理账务、重修规章，使公司组织趋于合理。经整委会一番打整后，公司经营渐渐有了起色，1933年盈余170多万元，1934年盈余290多万元，1935年盈余280多万元。

公司抽收锡砂炭股，自1911年夏起，至1934年初停止之日止，连滇蜀路拨还的锡炭股及新砂股一并计算在内，总共收入股本1740余万元。在宣告锡砂炭股停抽之时，正是临屏铁路工程需款最急之时，筹集一笔资金已成当时燃眉之急。1935年，个碧石铁路公司向富滇新银行先后借款新银币200万元，以作收毁旧币及购买钢轨和机车货车之用。借款以两年为限，按月偿还本利一次，始终没有延误，公司每月都有盈余，经营渐入佳境。

个碧石铁路的修建，先是官商合办，后官股退出，成为纯商办事业。修筑铁路投资巨大，管理事务繁杂，股东意见纷纭，致使工程建设、管理举步维艰。在这样的情况下仍然一路修筑，实属不易。除上述困难影响之外，在个碧石铁路的修建过程中，还有着人为的责难。就在修通建水，正在修筑至石屏的铁路过程中，铁路还遭遇到被省府收走的危机。一次发生在1929年，省建设厅厅长张邦翰先是计划将个旧锡砂炭股移作蒙剥公路修建资金，经代表据理力争，一场风波以"从长商量后，再行提会"而平息。另一次发生在1932年，张邦翰以锡砂炭股等同于税金，不是自行筹集的股款为由，企图将个碧石铁路收归省有。面对再次责难，代表赴昆力争，最终促成省府作出个碧石铁路仍为民有铁路，组织个碧石铁路整理公司委员会，就公司内外一切事务加以整理的定论。

新中国成立后，1950年3月，个碧石铁路由云南军事管制委员会接管，按公私合营企业管理。1954年11月，由铁道部昆明铁路局接管。1957年1月1日，按国营铁路统一管理。1959年，个碧石铁路由石屏延修10千米至宝秀，同时米轨支线由草坝修至雨过铺，换装站由碧色寨移至雨过铺。1969 年，蒙自至宝秀 142 千米寸轨改造成米轨，于 1970 年 10 月 1 日正式通车，实现了与滇越铁路干线的接轨直通，属成都铁路局开远分局。

1990 年，个碧石铁路鸡个段因路基桥涵设计标准过低，一直无法扩轨改造停止运输。随着最后一段寸轨铁路的停运，寸轨运输在中国大地上就彻底销声匿迹了。2008 年 6 月，昆明铁路局下令拆除了鸡个线全线钢轨，寸轨铁路不复存在。如今，只有在纪念馆里，依靠现代而精巧的模拟，才能更多地了解寸轨铁路了。

迷拉地火车站

革命活动据点

遗址简介

遗址位于蒙自市芷村镇政府所在地，距蒙自市区25公里，遗址原建筑尚存。2007年9月，迷拉地火车站被红河州人民政府公布为州级文物保护单位。2011年3月，迷拉地火车站革命活动据点被中共红河州委、州人民政府确定为红河州革命遗址，2014年在站房旁建成革命遗址标志碑。

芷村火车站（迷拉地火车站）

史实摘要

　　大革命末期和土地革命战争时期，滇越铁路蒙自迷拉地（芷村）火车站是中共云南地方组织开展工运活动的重要据点，是开远、蒙自铁路沿线党组织的活动中心。

　　1927年12月，共产党员刘林元受省临委委派，考入滇越铁路蒙自迷拉地机修厂当工人，以职业为掩护，开展工人运动。刘林元到滇越铁路蒙自迷拉地机修厂不久，省临委又派共产党员陈家铣（老郑）到滇越铁路迷拉地火车站开展工作。刘林元将陈家铣介绍到工务临时道班当工人。随后，共产党员姚良敏考入滇越铁路迷拉地火车站当站生（职员），并与陈家铣接上组织关系。至此，滇越铁路迷拉地火车站有了3名共产党员。同时，省临委还派共产党员王任初打入滇越铁路迷拉地铁路警察分局任分局长，设立秘密联络站。为长期隐蔽，王任初与刘林元单线联系，不参加迷拉地党组织活动。1928年2月，省临委书记王德三从蒙自绕道越南前往上海，向中共中央汇报云南工作情况。王任初积极活动，帮助王德三办理了出国护照。在省临委交通员武焕章的护送下，王德三经麻栗坡县顺利出境。

保留完好的法式建筑——站长室

1928 年 7 月，经蒙自县委批准，建立迷拉地车站党支部，直属蒙自县委领导，书记陈家铣。迷拉地党支部建立后，在滇越铁路沿线的碧色寨、落水洞等车站进步工人中培养和发展 6 名共产党员、17 名共青团员。10 月，陈家铣调离，刘林元接任迷拉地车站党支部书记。

1929 年 4 月巨伯年被捕后，个碧铁路蒙自车站的共产党员梁福如、梁贵避开国民党反动当局的抓捕，及时转移到滇越铁路迷拉地车站机修厂坚持斗争。梁福如、梁贵通过交朋友、结拜弟兄，团结工人，组织了 35 人的弟兄会，并在滇越铁路各站继续开展秘密串联活动。

1929 年春，迷拉地车站党支部划归滇越铁路阿迷站党支部领导，改称迷拉地车站分支部。6 月，在迷拉地车站分支部的领导下，滇越铁路阿迷至迷拉地段 200 名工人举行反对铁路当局无理开除工人的罢工斗争，迫使铁路当局收回开除令，斗争取得胜利。夏，迷拉地车站分支部组织工务道班工人向铁路当局请愿，要求铁路当局准予工人每周休息 1 天，工资照发；雨季时发给工人防治疟疾的药品。法国段长

可实现机车原地调头的转车台

被迫同意工人的要求，请愿斗争取得胜利。

1933年3月，梁福如、梁贵在滇越铁路蒙自迷拉地机修厂、车站、道班工人中成立了芷村站区工会，会员80人，何坤、梁福如、梁贵等被选为工会委员。时值铁路货运量减少，铁路公司不顾工人死活，发布减薪令。8月1日，梁福如、梁贵组织工会会员，串联发动迷拉地机修厂、车站和基路工棚职工举行罢工斗争，要求恢复原定工资并按月发放，以保障工人起码的生活条件；要求准许工人有组织工会的自由权等。罢工斗争迫使铁路当局不得不撤销减薪令，并补发工人们已被裁减的工资。罢工斗争取得了胜利，但也引起了铁路当局的注意。法国资本家勾结军警查封了站区工会，四处抓捕梁福如、梁贵。梁福如、梁贵在铁路工人的掩护下，被迫转移到河口坚持斗争。

从1928年到1929年底，迷拉地火车站党支部（分支部）先后组织和领导铁路工人开展8次罢工斗争，其中6次取得胜利。

1949年8月，蒙自县委派党员向东升到芷（村）莫（别）地区开展工作，建立蒙自县芷莫区委，区委委员王世铭负责迷拉地的工作，并于同月建立迷拉地党支部，书记龚作华。

阅读链接

刘林元简介

刘林元
（1908 ~ 1967）

刘林元，1908 年出生于云南开远的一个工人家庭。1927 年 8 月加入中国共产党，受省临委委派，考入法国人把持的滇越铁路机修厂，与组织随后派来的中共党员陈家铣、姚良敏在滇越铁路组织进步工人，并联合个碧石铁路线上的中共党员巨伯年等共同开创党在铁路线上的工作。1928 年 6 月 1 日召开了滇越、个碧铁路的工人代表会，省临委委员李鑫到会作了讲话，会议成立了云南铁路总工会，刘林元被选为主席。7 月，中共迷拉地火车站支部成立并迅速成为地下党在滇越铁路和迤南地区的重要地下交通站，完成了省临委很多重要的交通联络任务。从 1928 年至 1929 年 2 月，刘林元带领铁路工人发动 8 次斗争，其中 6 次取得了胜利。此后，刘林元先后担任了地下党省临委委员、常委、工委书记和省委委员等职务。新中国成立后，经历了中共云南早期革命斗争的老革命刘林元历任中共云南省委常委、省总工会主席、省监委书记、省政协副主席、省政府副省长。1967 年去世。

滇越铁路

　　世界上第一条铁路于 1825 年 9 月 27 日诞生于英国。这种从工业革命中产生的交通方式伴随着帝国主义的侵略和掠夺传入中国。从 1876 年中国诞生第一条铁路——吴淞铁路开始，到 1911 年清政府覆灭的 36 年中，我国共修铁路 9100 公里，除京张铁路等少数由中国人自主修建的铁路外，绝大多数由帝国主义修建并经营。滇越铁路由于轨距的特殊性，使其无法与后来通用的准轨（1.435 米）铁路接轨，一直保持着特立独行的"不兼容性"，造就了"不通国内通国外"的云南十八怪中的一怪。当然，正由于它与其他轨道的不兼容，滇越铁路最终只能退出现代交通运输的大舞台。

　　帝国主义在全球范围内开展侵略扩张，交通问题是其战略设计中最重要的一环。同样，法国在占领越南，进犯云南的时候，就开始策划掠夺云南的线路和交通工具。在 1885 年中法签订的《中法会订越南条约》里，中国被迫同意"日后若中国酌拟创造铁路时，中国自向法国业此之人商办"。1895 年签订的《中法续议商务专条附章》第五条规定："至越南之铁路，或已成者，或日后拟添者，彼此议定，可由两国酌商妥订办法，接至中国界内。"1898 年 4 月，法国驻华公使吕班，在给清政府的互换照会中，声称由法国修筑越南至云南省城之滇越铁路，中国只需负责提供土地。4 月 9 日，吕班闯进清政府总理衙门，扬言对其照会中所列要求，"不准动一字，限明日答复"。此时的清政府处于帝国主义的瓜分狂潮中，几乎不敢作任何拒绝的表示。总理衙门于 10 日在给法国公使的复照中，对于自越南边界至云南省城修造铁路之事，只得卑躬屈膝地答应："本衙门查来照所称，既以坚固友谊为言，可允照办。"法国人修建滇越铁路的企图得到了清政府很好的"配合"，很快就完成了一系列的"前期准备"，并欣喜地开始描绘着即将实现的"美好蓝图"。1901 年，法属越南总督杜迈派遣法国人古德尔孟潜入云南进行侦察活动。古德尔孟返回后，将他对云南的调查情况和云南在法国殖民政策中的重要性著成了《云南游记》。该书序言中说："吾之政策，当割据云南全省……若得云南，始可厚积兵力，以保越南全土……云南气候温和，尤似法国南境，于法人尤为相宜。其矿田之富，物产之饶，较诸越南，奚啻霄壤！借沃壤之余，以养瘠地之不足，此云南所以不独为越南之屏藩，而且为越南之仓库矣……吾望他日火车游行云南时，吾法之权力随之而达于云南全省，吾尤望云南铁路告成之日……则席卷云南，如探囊取物矣。"

1900 年，法国在巴黎设置了滇越铁路最高管理机构——法国滇越铁路公司，并委一总管驻越南河内代办所。1901 年 9 月，法国在蒙自东村设立了滇越铁路管理分支机构，当地人称为"法国滇越铁路总局"。铁路原拟采用西线，即由河口沿红河北上经新街、新现、蒙自、建水、通海、玉溪、晋宁到昆明。后来因为此线工程上有很多困难，又遭到建水、蒙自等地人民的坚决反对，1903 年议定改采东线，即由河口沿南溪河北上，经芷村、碧色寨、开远、宜良、呈贡到昆明。

滇越铁路，北起昆明，由河口出境，经越南河内，终于越南北部最大的港口城市海防，全长 854 千米，其中昆明至河口段（通常称滇越铁路滇段）长约 465 米，老街至海防段（越段）389 千米。滇越铁路的海防至老街段 1901 年动工建设，滇段铁路 1903 年开工建设，1909 年 6 月 2 日通至碧色寨，1910 年 4 月 1 日通至昆明，耗时七年多，耗资 16547 万法郎。

滇越铁路滇段 80% 线路穿行于崇山峻岭之中，筑路工程非常艰巨，法国殖民主义者对中国工人进行了野蛮的奴役和残酷的压榨，犯下了罄竹难书的罪行，八万多名中国劳工死于铁路工地，留下了"血染南溪河，尸铺昆河线，千山遍尸骨，万谷血泪流"的悲惨史实，也有"一根枕木一条命，一颗铁钉一捧血"的说法。对于民工的悲惨遭遇，当时清政府驻法国铁路公司的公办贺宗章有过这样一段记载："下段均属瘴地，水土恶劣，炎热异常，一年内外，委员先后到段，瘴故多至十七员……下段路工之险阻艰难，罕可比拟。白河所经，两岸高山夹辣，绝无平阳，而土质夹沙，遇雨多塌；其危岩峭壁，工多穿硐，或一硐数里……工价每日六角，然不免有层递折扣之弊……十数人为一起，而于河侧搭一窝棚，斜立三叉木条，上覆以草，席地而卧，潮湿尤重，秽臭熏蒸，加以不耐烟瘴，则无几日，病亡相继，甚至每棚能行动者十无一二，外人见而恶之，不问已死未死，火焚工棚。或病坐路旁，奄奄一息，外人过者，以足踢下深涧，得藁葬者尚为幸事……监工意人，待苦力尤酷虐，稍有停歇，鞭棒随之，休息则按时间扣资……呜呼，此路实吾国人血肉所造成矣！"

滇越铁路建成后，由于火车运量大，保险系数高，全程需时不到四天，因此蒙自商埠进出口商品都交火车运输，经红河、蒙蛮古道的商路很少有人问津。铁路的运载规模是过去人力、畜力运输所无法比拟的，在承担国内大量货物运输的同时，也刺激着云南对外贸易的高速发展。特别是在 1937 年以后，大理以东、四川建南以南，以及距昆明千里之外的商务都被吸引到滇越铁路上来。1939 年，滇越铁路上有机车 97 辆，客车 207 辆，货车 1049 辆。年运旅客 340 余万人，较 1930 年前增长三倍多；

运货 40 余万吨，比 1925 ～ 1931 年间年均货运量 31 万吨增加了四分之一。滇越铁路每年运载的进出口货物均在 10 万吨以上，年均运量是此前河运的 5 倍；年均进出口货值是通车前的 13 倍；年均关税收入是通车前的 6.7 倍。

滇越铁路通车后，便改变了过去进出口货物由蒙自县城中转达的状况，除滇南地区所需物资由碧色寨转运外，其他地区物资一般均由昆明直达海防。同时，个旧大锡的出口也不再经蒙自县城，而是由个旧驮运至大屯，再用船由大屯经龙脖子，过长桥海达碧色寨坡脚，最后用牛车拉和人挑送上碧色寨火车站运抵海防。个碧铁路自 1919 年由碧色寨通至鸡街后，个旧锡就开始由火车运至碧色寨转滇越铁路出口。

滇越铁路滇段多处于热带亚热带的高山深谷之中，地势险峻，雨水充沛，铁路随时经受着来自大自然的挑战。1915 年 7、8 两月，大雨不断，河口至昆明的铁路崩塌多处；草坝和大庄积水成湖，铁轨被淹七八尺深；南溪山谷最狭处，山崩路陷，轨道、枕木、石子皆被冲走；婆兮（盘溪）附近有 100 米左右的路基和铁轨都被冲到河里；河内也因红河暴涨，铁路桥梁被冲垮多处，交通被迫中断。1916 年 8 月，河口至芷村间的一个山洞多处坍塌，直到 12 月才修复通车。1917 年 8、9 两个月，大雨不停，河口到芷村间铁路多处塌方，直到 10 月才修复通车。

经常发生的、可怕的自然灾害让铁路有时停运数月，对交通运输，特别是对蒙自关对外贸易有着极大的影响。除此之外，阻碍蒙自关外贸易发展，让外贸商人吃尽苦头的就是法国在滇越铁路的任意加价和肆意盘剥。《中法会订滇越铁路章程》规定："中国国家所应准备者，唯该路所经过之地，与路旁应用地段""铁路造成后，该公司须设法专用中国人民充当梭巡人夫"。铁路的高级职员都是法国人，车站站长、稽查员大部分是越南人。这就是说，中国只有提供铁路用地和维护铁路安全的义务，法国人却可以在滇越铁路上主宰一切。法国人常以《中法滇越铁路章程》第二十三款"客位货物运送价值，均系公司自行核定"的规定为由，肆意提高运价。铁路通车初期，运费相对比较稳定，大约三年加价一次，而且加价幅度不大。到 1918 年，法国人几乎一年加价一次，民愤逐渐加深。1920 年 8 月的加价是最厉害最无理的一次。当时法国滇越铁路公司借口法郎涨价，便规定自 10 月 1 日起运费再次加价。加价之高，令人惊讶。以当时越币计，从海防到昆明每吨运费由原来的 27 元 1 角 6 分，加为 65 元 8 角，增加了 242%；由海防到碧色寨的头等客票由原来的 8 元增加到 30.06 元，增加了 376%，若中途补票，再加六成，这样就增加了 600%。法国滇越铁路公司忽将车票抬高，激起了商人的极大愤慨，云南交涉署向法国驻滇交涉员提出强烈抗议，但法国人毫不理睬。云南总商会对此也向法国人表示了极大的愤慨，决定从 10 月 1 日起一律停止由滇越铁路发运货物，同时还通电全国商会，以求各地的声援。与此同时，省里还设立了"滇粤运道筹办处"，准备整修滇邕（邕宁即南宁）大道，一切外贸物资均改为骡马由内地转道出口。靖国联军总司令部和云南省长公署也派出高级军政长官和个碧铁路公司总理共 7 人，组成筹办蒙剥（蒙自至剥隘）路政事务处，决定修整蒙剥大道，并将个碧铁路展修至昆阳，以利内地运输。可是停止货物由滇越铁路发运的抗议行动在昆明只坚持了 12 天，蒙自、个旧等地根本就没有执行。修路的计划又因财力匮乏不得不从长计议。一场席卷全省的反加价风波就这样慢慢平息下来。这场风波给商人带来了惨重的损失和一腔愤慨，法国滇越铁路公司却凭借任意加价的手段大肆牟取巨额利润。据《云南通志长篇》记载，20世纪 20 年代的某年，法国滇越铁路公司年收入达 6720 余万法郎，纯利润多达 1000多万法郎，纯利润约占总收入的 15%。法国滇越铁路公司的涨价风并没有因为 1920年乱涨价招致全省人民的反对而有所收敛，相反，却随着他们日愈膨胀的欲望而越刮越烈。20 世纪 30 年代初期，货运价又有大幅度增加，昆明至碧色寨每吨公里达到 1 角 4 分；碧色寨至河口每吨公里达到 2 角 5 分；河口至海防每吨公里 8 分。全程 854 公里每吨运费共计 115.8 元。法国人在借铁路垄断运输市场收取高额运费的同时，还肆无忌惮地收取登记费、搬运费、过站费、称量费、打印费和过境税、过关税、统计税等名目繁多的税费。

1937 年，抗日战争爆发后，上海、南京、武汉、宜昌、广东、广西等地相继被日军占领，长江航运阻断，货物运输停滞。昔日由长江及广东外运出口的商品，均改由滇越铁路运输，取道海防出口。这样一来，蒙自关不仅是云南省的外贸通道，而且成了四川、贵州等省的外贸通道。进口的汽柴油、汽车及其零件、滑物油、纸烟、人造靛、安尼林染料、药材、机器、纸张、水泥、棉纱，出口的桐油、药材、锑等大幅增加。1939 年的《海关中外贸易统计年刊》载："本年滇越铁路营业情形，繁荣异常，其每日载运量，虽由 300 吨增为 500 吨，仍以海防货堆积如山，现有车辆，不敷应用，及广西交通线断绝后，益感不足。"

随着抗日战争的深入，到 1940 年 1 至 5 月间，滇越铁路常被日本飞机轰炸，桥梁损毁，运输量急剧萎缩。6 月，法国在对德战争中失利，宣布向德投降。越南总督德古违背《中法商约》，接受德国盟友日本的要求，宣布自 6 月 20 日起，禁止货物由越南运入云南。后来竟允许日方派员在各交通要点监视盘查。此时我国滞存海防、河内、西贡等地商货，总计 11 万件左右，价值不下 20 亿元。昆明市商会于7 月 25 日召开联席大会，紧急呼吁社会各界，并电请外交部和省政府向法方交涉。

8月初，交涉已有转机，由商会组织"云南商界统一运输越南存货委员会"，准备统筹办理后运回云南。不料，日本在越南的侵略战火越烧越烈，对中国的威胁越来越大。民国政府为预防日军突然攻击，借滇越铁路长驱直入，于9月10日下令把河口、老街间的铁路桥炸毁，河口至碧色寨间的桥梁和铁轨相继被拆卸。于是抢运存越货物的计划未能实施。后来商会根据"万国邮联"的有关规定，请云南邮政管理局向越南邮政局交涉后，由云南雇用挑夫、船只和马匹，历尽千辛万苦，抢出了8万多公斤邮包，挽回了部分损失。至此，蒙自关至越南海防的外贸及运输宣告中断。

　　1945年抗日战争胜利，铁路未及时修复，矿区生产亟待复苏，少量外贸被迫改道。新中国成立初期，碧色寨至河口的铁路路基改为公路，可经河口至越南，主要运送支援越南抗法、抗美的物资。1957年12月18日，滇越铁路修复通车于河口，但已没有外贸物资运输，主要承担国内客货运输。1958年，按铁道部令，滇越铁路滇段改称为昆河铁路。1959年，草坝至雨过铺米轨支线建成，拆除碧色寨至蒙自间的寸轨，原来在碧色寨车站换装换乘改在雨过铺车站换装换乘，碧色寨不再是滇越铁路与个碧石铁路的交汇点，也不再有物资集散，成为滇越铁路上的一个四等小站。

　　滇越铁路在新中国成立后的50多年的时间里，一直是省内极为重要的交通运输线，也是中越两国外贸物资的主要通道，为云南经济社会建设发挥了巨大作用。近些年来，随着高速公路、高速铁路等现代交通网络的建成，滇越铁路运量小、速度慢、成本高的缺陷越来越突出。2003年，按铁道部要求，昆河铁路客运业务停办，一些车站陆续关闭，货运也大幅减少。时至今日，昆河铁路连货运都只有零星的车次了，它作为运输动脉的使命已经走到了尽头，但承载着厚重历史的滇越铁路在旅游开发方面却有着巨大的潜力。近年来，有关方面启动了滇越铁路申遗计划，沿线当地政府与铁路部门合作进行旅游开发的计划已经开始实施，老去的滇越铁路正焕发出蓬勃青春。

中共云南第一次代表大会会址

遗址简介

    会址位于蒙自市芷村镇查尼皮村，距蒙自市区 25 公里，距芷村集镇 6 公里。原建筑为查尼皮村李开文家草房，1930 年焚毁于火灾。1989 年，按照"修旧如旧"的原则重修，1991 年 6 月 24 日完工，1993 年 6 月 28 日会址向游客正式开放。2000 年 6 月，中共蒙自县委、县人民政府对会址进行扩建，扩建后占地近 5336 平方米，设有管理室、接待室、陈列室、停车场、花区、草坪、绿化带等设施。2010 年，中共蒙自市委、市人民政府将中共云南第一次代表大会会址由芷村镇人民政府划转中共蒙自市委党史研究室管理，并安排人员编制和专项经费。2011 年 4 月，中共蒙自市委、市人民政府投资 200 多万元对会址进行全面修缮，陈列馆、多功能厅得到改造提升。陈列馆面积 239 平方米，展板 76 块，实物 20 余件；多功能厅面积 224 平方米，展板 3 块，展柜 3 个，可播放党史纪录片。2013 年 10 月，市委常委会通过了由市史志办编写的《查尼皮省一大会址扩建项目建议书》，决定对会址实施扩建。同时，确立了"以实现会址景区化为目标，以扩建促景观建设，以扩建促设施完善，以扩建促管理规范为路径，全面提升会址景区的影响力和吸引力，推动会址由单一的教育基地向融教育、休闲、避暑为一体的综合型景区转变"的思路。目前会址扩建项目已取得初步成效。

1983年4月，中共云南第一次代表大会会址被蒙自县人民政府公布为县级文物保护单位；1991年被红河州人民政府公布为州级文物保护单位；1993年11月被云南省人民政府公布为省级文物保护单位；1997年被中共云南省委、云南省人民政府命名为省级爱国主义教育基地；2002年被列为中组部党员教育示范点。2011年3月份被中共红河州委、州人民政府确定为红河州革命遗址；2011年6月被中共红河州委、红河州人民政府命名为中共党史教育基地。

中共云南第一次代表大会会址

史实摘要

1928年2月，省临委书记王德三、省临委委员李子固先后去上海向中共中央汇报工作。王德三到上海后，被中共中央指定为云南代表，出席在莫斯科召开的中国共产党第六次全国代表大会，至11月才返回云南。王德三外出期间，省临委委员李鑫、吴澄、吴少默、杨正元等在迤南基层指导工作，在昆明的省临委机关仅有赵祚传一人主持工作。为适应形势的变化，加强对全省各地基层组织的领导，加强省临委机关的集体领导，省临委于4月召开扩大会议，决定由赵祚传、吴少默、吴澄3人临时组成中共云南省特别委员会（简称省特委），书记赵祚传，行使省临委职权，领导全省的工作。

国民党云南省政府清共后，中共云南党组织经费来源断绝，广大党员在极其艰苦的条件下顽强坚持工作。省临委在给中共中央的一份报告中说："同志的手表、金水笔都卖尽了，被盖、垫单甚至身上穿的衣服都拿去当卖，但是能维持得多少时候？有时候工作不能停止，饿一两天不能吃饭，甚至两个人只剩一条裤子，一人出去工作，一人躲在家里……吃稀饭、吃白薯充饥，这是常有的现象。""严英武同志因必要工作的派遣，由芷村到阿迷，而车费一文都没有，只得去坐混车。在大庄车站因无车票，被查车警察拘去了，押到警署知道是C·P分子（指共产党员），现已省定了八年的监禁。"人称"大户人家贵公子，革命军中马前卒"的省特委书记赵祚传，于1928年6月抱病从昆明步行回家乡大姚，取得父母的支持，为筹集党组织的活动经费，第三次变卖家产。就在赵祚传准备返回昆明时，国民党反动政府刺探到他的行踪，以"被通缉的要犯"为名将他逮捕。1929年3月，赵祚传牺牲于大姚。

草房内部

陈列室内部

由于省特委书记赵祚传被捕，省特委委员吴少默又在滇南巡视指导，省特委机关仅剩吴澄一人主持。斗争形势的迅速发展，工作局面的渐次展开，亟须加强党的领导和党的组织建设。省特委原计划等参加中共六大的王德三回滇后即召开全省党员代表大会，但一直得不到中共六大的消息，"而指导机关如此残缺，已经影响工作不小""秋收到了，假如再稽延下去，必定要使工作停顿大部分"。为指导全省工作和即将来临的秋收斗争，省特委报告中共中央，"请求准予召集代表会"。但因为中共中央驻地远在上海，交通不便，通信设备落后，等了1个多月，仍未见到中共中央来信。为保证工作顺利进行，省特委只好根据1928年5月《中央致云南临

会址陈列室展厅

多功能厅

委信》中要求云南党组织召开一次扩大会议，产生5人至7人的临时省委的指示精神，"不得已，我们为工作计，才于10月13日在迤南召集代表大会"。

　　为开好这次党代会，省特委在会前做了大量艰苦细致的准备工作。省特委通知迤南地区的党代表参加党代会，方法是安排交通员化装成农民，步行到党代表所在地，与当地的党组织取得联系，再由党组织通知党代表本人。交通员途中跋山涉水，风餐露宿，遇到土匪设卡，还要交上买路费才能通过。从昆明方向来的党代表，乘滇越铁路的火车到达蒙自迷拉地车站，再步行到查尼皮。在刘林元等的周密安排下，从昆明来的党代表机智地应付了途中铁路警察的盘查，将从昆明随身带来的文件、纸张及油印机安全送到查尼皮。

　　1928 年 10 月 13 日，中国共产党云南第一次代表大会在蒙自县查尼皮村共产党员李开文家的茅草屋内举行，会期两天。与会代表共 17 人，其中蒙自 3 人（农民 2 人）、铁路 2 人、矿山 1 人、石屏 1 人（学生）、马关 1 人（知识分子）、昆明 1 人（学生）、易门 1 人（教师）、少共（少年共产国际的简称）1 人、省特委 2 人、指定参加的工运委员 2 人、迤南区委 1 人，还有 1 人是中共中央派来搞军运工作的张舫。会议通过了《中国共产党云南第一次代表大会决议案》，其中包括《云南现状与党的任务决议案》《组织任务决议案》《职工运动决议案》《农民运动决议案》等。代表大会认为中共云南党组织虽然历史很短，但由于积极工作，在群众中已经产生了"相当的影响""本省党的新政策在有工作的城市中，都能引起群众的注意而表现热烈的欢迎"，起到了"革命先锋队"的作用。同时也检讨了工作中的缺点，如组织发展跟不上形势的需要，执行党的政策没有结合实际，工农运动、士兵运动不扎实，工作布置上没有特别注意中心区域而使力量分散等。决议案特别强调要把共产党的政策与本地情况相结合的思想，认为"使用党的政策"要"地方化"，不应"陷于呆板，不切实际的错误"，要"提出适合当地情况而又不违背党的政纲与策略的口号"。决议案指出云南党组织的任务是"争取成千上万的工农、贫民、兵士群众在党的指导之下，积极地努力于革命斗争，由日常斗争进到武装暴动，夺取政权，建立工农、兵士、贫民的苏维埃政府。"为完成这一任务，决议案对工人、农民、兵士、妇女、少数民族等工作都提出了具体的方针。在《组织任务决议案》中，提出要建设一个有战斗力的云南党组织，"改造组织的第

会址陈列室

一任务就在于使党的组织"成为"切实领导群众适于斗争的组织""从斗争中发展党员，改造党的组织"，提拔工农干部等。代表大会决议案体现了云南党组织在斗争实践中结合云南实际思考问题的探索精神。代表大会选举产生了第二届中共云南省临时委员会，书记陈廷禧，常委陈廷禧、吴少默、张舫，委员吴澄、陈家铣，候补委员杜涛、杨立人（杨达经）。

1929年2月，中共中央为这次代表大会专门写了《中央指示云南第一次全省大会信》，认为"云南第一次大会的决议案，大体上尚是对的。"同时指出这次大会也有缺点，"对云南政治分析未能与全国政治联系，不能从阶级关系上着眼，所以不免只注意表面的军阀个人行动""没有将土地革命与反帝运动的重要很明白的具体的指出"；在布置工作中"没有很切实的指出目前最主要的工作是恢复整理并扩大产业区域、铁路、重要城市的工作，建立党的中心基础——工人支部"。1929年6月，中共中央《政治通讯》刊登了《中央指示云南第一次全省大会信》，1928年12月16日《云南临委给中央的总报告》则作为这封信的附件刊登。

这次代表大会，是中共云南党组织召开的第一次全省党代表大会，也是中共云南党组织在大革命和土地革命战争时期召开的唯一一次党代表大会，在中共云南党组织历史上具有重大的意义。

会址扩建工程初见成效

中共云南第一次代表大会情景再现（王祖军、杨永林、龙连飞画）

阅读链接

中共云南第一次代表大会代表名单

吴澄、吴少默、李鑫、杜涛、刘玉瑞、杨立人（杨达经）、浦光宗、刘林元、黄洛峰、戴德明、武焕章、杨东明、李静安、马逸飞（马照）、陈廷禧、陈家铣（后叛变）、张舫

赵祚传简介

赵祚传（1903～1929），云南大姚人。1924年参加云南青年努力会，1925年秋入上海大学，同年参加"新滇社"。1926年加入中国共产党。历任中共云南特委委员、

赵祚传

（1903～1929）

书记，国民党云南临时省党部（左派）执委组织部长、中共云南临时省委委员。

1927年初，赵祚传随王德三回到云南，在中共云南特支的基础上，建立了中共云南特别委员会，赵祚传为委员，负责组织工作。赵祚传先后在蒙自、宜良、昭通等14个县发展党组织。在一年多的时间，他先后三次被捕，面对残酷的敌人，他敢于斗争，善于斗争，团结狱友与敌人展开英勇顽强斗争。

1928年4月，为了继续指导和坚持全省的革命斗争，临委扩大会议推选赵祚传为特委书记。在任特委书记期间，他创造性地编写了通俗易懂的读物《农民四字经》，真实地反映了贫苦农民的心声和要求，指出了农民解放的希望之路，在人民群众中广为流传，影响深远。

赵祚传为解决党的活动经费问题，曾说服父亲将宜良狗街的部分田产变卖，甚至动员妻子把结婚时陪嫁的金手镯、金戒指等首饰当卖，把全部款项交给党组织作为活动经费。龙云清党后，党的活动经费十分困难。身为省特委书记的赵祚传拖着重病之身，步行回到大姚家中，拍卖家中田产，筹措组织经费。在他准备返回昆明时被捕入狱。他早已将自己的生死置之度外，在狱中，他写下了这样的诗句：

铁锁银镣进县城，狱里无处不冤声。
茹尽人间无限苦，但期革命早日成。
耕者无田是乱根，贪污腐化互相侵。
世间多少不平事，搔首问天恨无垠。

一颗忧国忧民的赤子之心跃然纸上。这一年时逢大姚天旱，匪患四起，民不聊生。反动县长以祝寿为名，大吹大擂反共有功，趁机搜刮民财。赵祚传在狱中闻知此事，怒火满腔，挥笔写了一副对联，痛加鞭挞：大老爷做生，银也要，钱也要，纸票也要，红白兼收，何分乎南北；小百姓该死，谷未熟，麦未熟，稷黍未熟，青黄不接，有什么东西。

对联传到社会上，大家纷纷拍手称快，深深地钦佩赵祚传疾恶如仇的品格。

赵祚传被捕后，党组织多方营救未能成功；地方进步人士多次联名具保也被反动当局拒绝。1929 年 3 月 29 日在大姚英勇就义。

吴少默简介

吴少默
（1901 ~ 1979）

　　吴少默，又名吴缉熙。1901 年生于祥云。1924 年加入中国共产党。1925 年，在中共广东区委和周恩来领导下，被派往广州国民革命军第三军分别任宣传科长、团政治处主任、师政治部主任等职，对驻粤滇军开展宣传教育工作。1927 年 9 月回到云南。省临委工作重点转移，吴少默受组织委派来到迤南，先后担任过中共蒙自县委委员、蒙自中心县委书记。往来于蒙自、个旧、文山、马关等地进行社会调查及宣传发动工作。1928 年 10 月 13 日，吴少默在中共云南第一次代表大会上被选为省临委常委。1929 年 11 月，被省临委派往马关八寨参与领导农民武装暴动工作。1930 年 1 月 28 日，省临委扩大会议正式选举产生了中共第一届云南省委，吴少默被选为省委委员。八寨武装暴动失败后奉派前往广西寻找红七军未找到，吴少默转移到滇西继而辗转到上海，终于找到了党组织。1949 年 12 月 9 日，回到昆明的吴少默又参与了卢汉起义，任云南临时军政委员会秘书长。云南解放后历任省民委副主席兼秘书长、第一至第四届省政协常委。吴少默同志于 1979 年逝世，终年 78 岁。

李鑫简介

李鑫

（1897～1929）

李鑫，1897年生于滇西龙陵县。先后就读于东南大学和北京农业大学，是"新滇社"发起人之一。1925年加入中国共产党，1926年回云南开辟革命工作，同年领导建立了中共云南特别支部，为中共云南省特别委员会的建立打下基础。李鑫作为省特委、省临委委员，曾担任云南省农民协会主席，是云南农民运动的先驱。1927年12月中共迤南区委成立，李鑫任书记，与助手杜涛一起徒步奔波于红河与文山等地开展革命工作。1928年春，李鑫与吴澄等先后在蒙自小东山、复兴庄召开迤南地区农代会和农干会，逐步实现云南党的工作重点向迤南的转移。李鑫也是工矿运动的开拓者。李鑫为打入矿山，接近工人，他刻苦学习工农语言，光着脚板挑担，在赤日下赤身曝晒，并以河沙、炭灰擦身，改变自己知识分子的形象。1928年4月，他打入个旧矿山，编写了大量激发工人觉悟的歌谣，发展工人入党，于当年年底建立了个旧矿山支部。1929年4月，李鑫、戴德明领导了个旧马拉格矿工人要求加薪、改善生活条件的罢工取得了胜利。同月，李鑫准备发动一次工人武装暴动，意图夺取马拉格的矿区武装，若暴动成功，可得枪百余支。当时仅马拉格已有六七十人的工人组织，加上其他两处私矿的工人共100多人，准备集会的第二天暴动。不料，因一个"㯀头"（技术工人）在酒醉后泄露机密导致暴动失败，李鑫、戴德明、杨逢春3人被捕。1929年5月16日，李鑫与戴德明、巨伯年、杨逢春一起被杀害于蒙自石墙子外，年仅32岁。

蒙自烈士陵园内的李鑫烈士墓

浦光宗

　　浦光宗（1903~2003），昭通昭阳人。1923年进入昆明东陆大学（云南大学前身）。1927年加入中国共产党，随即和王启瑞组织了"昭通旅省学会"。1928年省特委指定浦光宗负责云南学运和赤色济难会的工作，10月参加了省特委在蒙自查尼皮村召开的中共云南第一次代表大会；12月下旬，李国柱代表省临委指派浦光宗到昭通对费炳及其领导的农民小组了解情况及传达省临委《加强农村工作的决议》。1950年5月任碧河公路工程处委员会委员兼工程处处长；10月调任省交通厅副厅长，后参加了省人民政府党组，同时任省财委委员和财委党组成员并参加省科协筹委及省总工会筹委。2003年5月去世于昆明。

戴德明简介

戴德明
（1909 ～ 1929）

戴德明，1909 年 12 月 14 日生于云南会泽县一个贫困家庭，母亲早亡，从小深受抚养他的叔父戴仁甫的进步思想影响。1927 年到昆明省立第一师范读书，同年加入中国共产党。1928 年初接受党的派遣来到蒙自县立小学以教书为掩护开展革命活动，不久被调到查尼皮村搞农运。为融入当地群众，他也像李鑫一样经常脱光衣服把自己的皮肤晒黑。1928 年 8 月，被派往个旧协助李鑫开展矿山工运工作，在厂矿中建立秘密赤色工会、发展党团组织。1928 年 10 月，戴德明参加了在蒙自县查尼皮村召开的中共云南第一次代表大会。1929 年 2 月，戴德

明被选为中共迤南特委委员、中共个旧县委委员。1929 年 4 月，与李鑫一起在马拉格矿领导发起要求加薪、改善工作条件的矿工罢工取得胜利后，在酝酿新的斗争中，在已知李鑫等人被捕的情况下，仍为营救他们坚决不撤离而被捕。1929 年 5 月 16 日，戴德明与李鑫、

蒙自烈士陵园内的戴德明烈士墓

杨逢春、巨伯年一起被杀害于蒙自石墙子，牺牲时他还不满 20 岁。

李国定（李静安）简介

李静安

（1903 ~ 1943）

李国定（1903 ~ 1943），曾化名李静安、杨尤之、老蒙、徐鸿祚、巴特、巴特洛夫。马关县八寨镇白马脚村人。1924年参加云南青年努力会。1926年赴广州，通过在广州的"新滇社"介绍到中共在广州开办的农民运动讲习所学习。同年秋，经王德三介绍到驻广西平马的国民革命军第十六军政治部任宣传干事。1927年2月加入中国共产党。1928年到马关八寨开辟据点，建立党领导的农民武装。1930年2月，发动了农民武装起义。起义失败后，巧妙利用敌人内部矛盾，除掉文（山）西（畴）马（关）三县联合团团长。1928年10月，作为中共云南第一次代表大会的代表出席了在查尼皮召开的中共云南第一次代表大会。历任中共个旧县常委、书记，中共迤南区委常委、中共蒙自中心县委委员等职。

1930年底，因叛徒出卖，省委机关完全被破坏，散处各地的党组织和党员失去了与上级党组织的联系。1931年5月，滇南区委负责人陈廷禧、蒙自县委负责人马逸飞及左建章到八寨凹塘村找到李国定，商议后分散外出寻找党组织。李国定后来到河口那发对汛任副汛长。在这些地区虽未找到党组织，但他仍秘密进行革命活动，宣传革命思想。此后，又化名杨尤之到昆明师范附小任教。1942年秋不幸染病，1943年在昆华医院去世。

马逸飞简介

马逸飞
（1905～1997）

马逸飞，云南盐津人，1905年生。1926年加入中国共产主义青年团，同年转为中共党员。曾任云南省学生联合会主席。1928年初，党的工作重点转移后被省临委派到迤南工作。黄明俊牺牲后，由马逸飞负责查尼皮一带的工作。曾经担任中共蒙自中心县委代理书记的他经常徒步来往于小东山、查尼皮等众多少数民族村寨指导地下党和农协会活动。在查尼皮工作期间，他曾走到靠近屏边遥远山顶上的苗家借宿；也走到杨柳河及老寨一带的村寨作宣传联络；在小东山村王大妈家刻印散发的王德三编写的《苗夷三字经》被少数民族群众视为"圣经"而保留至今。1930年底中共云南地方组织被敌人破坏后，马逸飞在群众掩护下最后坚持活动到1931年5月才恋恋不舍地离开蒙自去寻找党的组织，历尽坎坷为中华人民共和国的成立又经历近二十年戎马生涯。新中国成立后，任云南省第五、六届人大常委会委员、省交通厅副厅长的老革命马逸飞在耄耋之年仍牵挂着他曾奉献了青春年华的迤南大地。1997年去世之前想办法协调使查尼皮连接外界的小路修成了公路。

张舫简介

张舫
（1898 ～ 1930）

张舫（1898~1930），云南南华人。1925年加入中国共产党。1926年考入黄埔军校第四期。1927年在国民党"清党"中被捕，广州起义时出狱，辗转到上海，由中共中央派回云南工作。1928年10月，作为代表参加中共云南第一次代表大会，当选为中共云南省临委委员，负责军运工作。1930年5月6日被捕，同年7月26日被秘密杀害于国民党云南模范监狱。

李开文简介

李开文
（1887～1948）

　　李开文，1887年4月生于蒙自查尼皮村，彝族。1928年5月，中共蒙自县委委员黄明俊到查尼皮村开辟革命工作。对周围村寨情况很熟悉、办事沉稳、表现积极、在村里很有号召力的李开文引起了黄明俊的注意。经过黄明俊用心培养，李开文很快加入了中国共产党。李开文少年时曾念过私塾，可以阅读党的文件、材料，简单的记笔记。他踏实办好党组织交给的每一件小事，进步很快，深得地下党领导的尊重和信任。1928年10月13日，在查尼皮李开文的家里召开了中共云南第一次代表大会，他承担起打扫卫生、安排食宿、配合做好安全保卫等工作。1929年1月，李开文被选为中共云南省临委候补委员，后又被选为中共迤南特别区委委员，成长为一位党的少数民族干部。劳苦的李开文未等到蒙自解放，于1948年7月病故。终年61岁。

黄洛峰简介

黄洛峰
（1909～1980）

黄洛峰，原名黄垲，云南鹤庆县人，1909年生，1927年5月加入共产主义青年团，8月加入中国共产党。同年底，黄洛峰到易门等地开展党的工作，建立秘密党团组织，领导开展农民运动。1928年，他领导组建了安宁、易门、禄丰3县特委，并任特委书记。1928年10月，黄洛峰以代表身份参加了在蒙自县查尼皮村召开的中共云南第一次代表大会。他曾任昆明市团委书记，领导昆明市的青年和学生运动。1936年1月，他在艾思奇的帮助下，用黄洛峰的名字发表文章，并参与《读书生活》杂志的编辑出版工作。1937年1月，他与艾思奇、郑易里等一起创办了读书出版社，任总经理。在他主持下，出版社先后出版了大量进步书籍，并有计划地出版了马克思主义经典著作。《资本论》第一个中文全译本就是在1938年由读书出版社出版。在武汉期间，他除了肩负读书出版社的工作外，还担负为党发行《群众》周刊的任务，并从事向延安输送革命干部的工作。

1938年10月，黄洛峰到重庆。他是南方局文化工作委员会（即文委）书店组的成员，负责全民通讯社与南方局文化组的联络工作。他曾负责过与中共云南省工委的联络工作。抗战胜利后，黄洛峰积极参加了重庆文化出版界反内战、反独裁的爱国民主运动。1948年10月，根据党的指示，生活、新知、读书三家书店在香港正式成立三联书店总处，由黄洛峰任三联书店临时管理委员会主席。

1950年4月，出版总署决定成立新华书店总管理处，统一全国的新华书店，由黄洛峰任总经理。在30余年中，他先后担任过中宣部出版委员会主任委员、出版总署出版局局长、文化部部长助理、文化学院院长、中国出版工作者协会副主席等职。1980年11月4日去世。

杨东明简介

杨东明
（1908 ～ 1994）

杨东明（1908 ～ 1994），又名何英，石屏县人。1924 年，杨东明就读于石屏县师范学校。毕业后到宝秀许刘营小学任教。1927 年冬，杨东明在石屏加入中国共产党。1928 年春，担任第一任中共石屏地下党支部书记，并将活动点"协进书局"改为"东明书店"，出售《中国青年》《新青年》《向导》等党的革命刊物，宣传革命。1928 年 10 月，作为代表参加在蒙自县查尼皮村召开的中共云南第一次代表大会。后考入省立第一中学读书，参与反对政府拍卖省师范学校的请愿。杨东明后来回到石屏，当时国民党省党部派员来石屏登记国民党党员，他组织地下党与之进行针锋相对的斗争，因身份暴露再度离开石屏。1929 年地方军阀混战，酿成昆明"七一一"火药爆炸事件。他在灾民中揭露受灾真相，参加青年服务团包围"警察二署"。1929 年冬，被派往禄丰县开展工作。1930 年初，又派往陆良县，以马街小学校长身份负责南区工作。1931 年，在昆明被捕入狱，后被保释出狱。1935 年红军长征过云南，国民党担心中共地下党内应，故又拘捕了他。红军过境后，获释后到宜良任教。后又因叛徒说其保人是共产党员，杨东明再次入狱。

1936 年，杨东明回到石屏，在坝心小学教书，受聘为《云南日报》副刊《南风》特约撰稿员。后经人介绍到丽江中学任教，再后又经人介绍到国民政府绥靖公署政治训练处当教务员、科员，编辑《抗战周报》。次年，做《战时知识》发行工作。西南联大迁到昆明后，文艺界成立昆明分会，当选为理事。1942 年到《云南日报》当编辑。1943 年被《正义报》聘为编辑，后任副刊编辑、主任等职。后到昆明女中、昆明女师等学校任教。

新中国成立后，任昆明女中校长。后被派往全省中学教师学习团任副团长，领导中学教师思想改造。先后调省文化处、省图书馆、省文艺干部学校分别任秘书主任、馆长、校长等职务。"文化大革命"中"靠边站",以"老叛徒"罪名被遣送蒙自省级机关第三"五七"干校进行"斗、批、改"。后被"清除出党",下放到农村彝乡"插队落户"。1980年,以图书馆馆员身份退休。此后,在落实政策中恢复党籍,撤销处分,改退休为离休,享受副厅级待遇。1994年病故。

中央指示云南省第一次全省大会信

（一九二九年二月）

云南临委：

云南党第一次大会决议案，临委第三次会议决议案，少数民族大纲，全省工作报告以及某某同志（某某同志即化名为林登的中共云南省临委书记王德三，某某是原文所载）函均收到，中央审查上项文件的结果，认为必须予以下列指示：

（一）关于第一次代表大会决议案

云南第一次大会的决议案，大体上尚是对的。可是这次大会是在党的六次大会精神尚未传达到云南和没有得到中央最近的政治指导的时期开的，所以这次大会的结果，就发生了以下的缺点：

第一，对云南政治分析未能与全国政治联系，不能从阶级关系上着眼，所以不免只注意表面的军阀个人行动，认云南为简单的军阀混战的局面，中央认为这是很容易走到错误道路上去的。

目前中国全部政治形式在反动的统治阶级方面是豪绅地主买办阶级和民族资产阶级勾心斗角，争夺反革命领导权的局面，这完全是中国目前全部经济基础各因其阶级利益的关系反映出来的政治形势。因此，全国的小军阀也各因利害的关系，必须攀附一个大军阀或彼或此的两人斗争营垒，而且更显著他的不同的倾向。所以统治云南的军阀也没有例外的（不）卷入这种斗争的漩涡。所以，今后云南的战争绝不是军阀简单的混乱（战），而是民族资产阶级企图夺取云南统治的战争。

第二，是没有将土地革命与反帝运动的重要性很明白地、具体地指出。这两种运动是目前革命的主要任务，且云南的实际状况是帝国主义特别是法帝国主义侵略最厉害的区域，致使外货输入超到三倍以上，农村经济陷于严重的破坏，农民更是受不堪的痛苦。所以云南的党不独要普遍的作反一般帝国主义的运动，特别要具体的作反法帝国主义的运动；不独要写出土地革命的意义，尤其要领导农民起来斗争。这两点必须在此次大会决议（中）指出，否则，将失去接受六次大会决议的意义。

第三，在扩大党的政治宣传及反改良主义的侵入，大会决议案亦完全忽略了。目前民族资产阶级企图争夺统治权的时候，他一方面固然要用严厉的白色恐怖压迫革命运动；另一方面他更想用改良的政策来缓和革命运动。云南既是民族资产阶级企图夺取的地方，改良主义的宣传必然要随之输入，况且云南过去的民众斗争尚不激烈，民族资产阶级欺骗的假面具尚未揭破，改良主义的影响更容易扩大，所以云南的党应该深刻的注意反改良的斗争。我们要反对和肃清这种改良主义，一方面应扩大我们的政治宣传，使群众了解我们的政治主张；另一方面更应从日常斗争中揭破改良主义的欺骗，使群众从而趋向我们政治口号的周围。

第四，没有切实的指示新的工作具体方案，例如对士兵运动，只说到"派大批有训练有组织的同志到白色武装里鼓励士兵反对军阀抢地盘的战争……"这不仅说的不够，而且忽略了发展士兵运动必须从士兵日常生活痛苦的斗争（如要求发现，要求发欠，反对肉刑，反对残暴等）做起，引起士兵的阶级觉悟，夺取广大的士兵群众在我们政治影响之下。如仅只如上面的说法，要陷入一种不落实际的毛病。

第五，云南党目前的中心工作虽然在一般的工作原则叙述过，但没有很切实的指出目前最主要的工作是恢复整理并扩大产业区域、铁路、重要城市的工作，建立党的中心基础——工人支部。

第六，云南与安南毗连，安南尚无党部，在扩大云南党部无产阶级的基础上，在加强反法帝国主义的运动上，都应该指出在安南工人中发展工作的必要，尤其是安南产业区重要城市与铁路工作。

第七，农民运动决议案指出，"零星散匪应吸收到农联之下"。这里必须说明，在土匪运动中，宜改良其组织，注意其领袖，加紧其训练。扩大其阶级认识，以夺取其下层群众。

（二）关于临委会议决议案

临委三次会议决议案，大体上是接受了六次大会总的路线。但关于云南政治形势分析与目前云南党的斗争任务上，尚未能充分应用六次大会精神，中央认为有特别指正的必要。

第一，分析云南的现状，能尽举云南经济危机的事实，这是正确的。但对云南军阀统治内因，与第一次大会之观察是同一立足点，同样的不能把云南的政治形势与全国的政治形势合盘分析。要知道，蒋桂两系指导下龙云与胡、张战争，事实上是封建势力与民族资产阶级势力为了争夺云南的斗争。固然，龙云的统治仍然离不了封建的剥削，但多数要带些资产阶级的倾向。

第二，偏视敌人矛盾之加紧，忽略革命力量尚未发展，而得到云南走向革命高涨的结论。在决议上一则曰"军阀地主……历史命运强迫他迅速的倒台"，再则曰"二六政变是军阀崩溃倒台的开始"，甚至认（为）"豪绅资产阶级转而仇视军阀""地主豪绅内部之冲突"，都是革命高潮有力的材料。这里我们要指出的错误，不是说敌人的矛盾不是特别加紧，统治不是崩溃的，而是说，统治阶级无论到什么危机的程度，如果没有革命力量去摧毁，它是不会自己倒台的。以云南目前党的本身之薄弱，和在全国范围没有进到高涨时期，统治阶级的混乱，仅仅是我们党的工作的进展条件，尚不能过分说到什么高涨的估计，尤其不宜以"豪绅仇视军阀""地主豪绅内部矛盾"的个别现象其混乱阶级的分野。

第三，为了政治分析的错误，所以对中心工作也没有切实指出来。这一点已在上面说过了。不过我们为促进云南党能够很快地适应目前斗争环境的需要，只得重复再说一遍：云南党目前中心工作是加强党的基础，建立工厂支部，改变整理并扩大产业区域，铁路、矿山、大城市的工作。云南党如能举起这一环，则全副工作的锁链，如反帝国主义、反军阀战争、土地革命等等都有进展的基础。

第四，扩大党的政治宣传，防止并肃清资产阶级改良派在群众中的影响，这些都是与第一次大会同样地忽视了，临委应该特别注意到怎样加紧党的政治宣传，加紧日常斗争，来揭破改良派的假面具。

（三）关于少数民族大纲

关于少数民族问题。少数民族在云南在其数量上及斗争力量上，云南党都应该加以注意。但是这些少数民族问题都非常复杂，必须具有的材料研究才能定出具体的办法。兹就这个运动的意义以及应注意之点指示你们，望多收集材料加以详细讨论。

第一，云南少数民族多至九十余种，在数量上虽占全滇人口百分之四十，但在经济上、在政治上、在文化上，都不是能形成一个独立的民族。所以少数民族在滇，不能看成一个独立民族运动。

第二，云南革命是中国革命的一部，各少数民族是云南的一部，且汉族在滇的占人口百分之六十，在政治上、经济上均受汉族支配，所以少数民族解放，必须在全滇革命胜利后才能得到。

第三，根据以上两点，某某同志信中所说苗民斗争，中央严重的指出云南党不应过于估计少数民族运动的重要而忽略了中心区域与中心工作。

第四，这种少数民族斗争的领导，必从扩大他的阶级意识做起，只有在整个革命中才有出路，这就是说要与党的各种运动尤其是农民运动取（得）联系，更须得到城市工人的领导。

第五，这种斗争的领导要从日常斗争中去发展，领导各民族与汉族的农民一同起来反对地主豪绅土司，反对高利贷苛捐杂税，反对军阀……至（于）苗民认为要干就要大干，这充分的是一种原始的农民意识，党必须有正确的策略去领导他们。

第六，在政治上、经济上，汉族与各少数民族完全要站在阶级的立场上一致斗争，可以提出建立各民族工农兵联合苏维埃政权的口号等等。

关于少数民族的政纲问题，来信上提出的大体上是对的。但最主要的是"推翻土司制度""没收地主阶级的土地归农民""取消一切苛捐杂税、高利债等的剥削""建立农民代表会议政权""与汉人的工农革命群众一致联合起来"做中心的口号。关于这问题的材料，中央得到很少，所以不能作更详细的指示。省委应有一详细报告来做中央详细讨论的材料，这一报告应包括一切土地关系，土司制度，与汉人的关系，以及其他各种经济的材料。

查尼皮革命圣地长歌

顾寿亭

　　高黎雄峙西陲首，沧怒横断东南走。哀牢磅礴南浦极，掉头千里红河口。渡江蜿蜒钟毓秀，山环水抱查尼皮。查尼皮云南第一党代会，滇南革命发源地。八方英雄风云会，战略战术指向南。工委吴澄女英豪，青布长袖村姑娇。漫说彬彬文质气，满川风雨一肩挑。工运李鑫众不同，书生练就一矿工。洞口出入一身泥，谁识吾党人中龙。农运杜涛铁罗汉，栉风沐雨处处忙。生死原是身外物，高喊入云敌胆寒。漫说山沟星星火，熊熊烈焰震南疆。英雄往矣垂不朽，巍然一柱震天南。三间茅屋依然在，一束黄花荐秋香。饮水难忘掘井事，今日殿阶起辉煌。创业维艰守成难，千年史实从头看。忧患兴国逸豫败，野人真率献芹香。

　　天苍苍，云冉冉，山高水长。

　　辛巳（此处指 2001 年）夏月查尼皮革命圣地修整一新，蒙自县委嘱书革命事迹作一重点回顾，辍成长句。奈年高才弱，错误难免，工拙不计，尚乞阅者谅之。

九十学人后学顾寿亭题并识

胡志明 故居

遗址简介

　　遗址位于蒙自市芷村镇南溪路，距蒙自市区 25 公里。遗址原建筑尚存，建筑占地面积 56 平方米，为土木结构瓦顶房屋，年久失修，损毁明显。现为私人产权。2012 年，市文物管理部门对遗址进行修缮排危，房屋产权仍属私人。2007 年 9 月，胡志明故居被红河州人民政府公布为州级文物保护单位。2011 年 3 月，被中共红河州委、州人民政府确定为红河州革命遗址。

胡志明故居

史实摘要

1910 年，滇越铁路迷拉地火车站建成后，一度成为滇越铁路滇段开远至河口的中心站，很多外国人到迷拉地谋生，当时迷拉地的前街后街约有 150 多家越南人居住。为在中国开展越侨工作，胡志明曾在 1924 年 12 月至 1962 年 8 月期间，多次到过中国（《胡志明主席传略》，1970 年版，越南外文出版社），4 次到过昆明，并且每一次沿滇越铁路到云南都是以迷拉地街栅子门对面的木楼为落脚点。1935 年，印度支那共产党（前身为越南共产党）在云南越侨中建立了党组织，接着建立了"云贵支部"。

阅读链接

胡志明简介

胡志明（1890 ~ 1969），越南劳动党（今越南共产党）中央委员会主席（1951~1969），越南共产党的卓越领导人、伟大的无产阶级革命家、杰出的马克思主义者。原名阮必成，在早期革命活动中取名阮爱国，后改名胡志明。 1890 年 5 月 19 日生于义安省南坛县知识分子家庭；早年当过海员；1920 年在法国加入共产党，成为越南的第一个共产党人；1923 年前往苏联，参加国际农民代表大会和共产国际第五次代表大会；1925 年在中国广州创立越南青年革命同志会；1930 年在香港领导建立越南共产党（后改名印度支那共产党）；日本侵占印度支那期间，1941 年组织越南独立同盟会，领导反法国和反日斗争。

1945 年 8 月当选越南民主共和国临时政府主席。次年 3 月当选越南民主共和国主席兼政府总理；1951 年 2 月印度支那共产党改称越南劳动党，胡志明当选为中央委员会主席；1945 ~ 1954 年领导了长达 9 年的抗法战争。60 年代又领导越南人民进行艰苦卓绝的抗美战争。

1969 年 9 月 2 日在河内病逝。胡志明是中国共产党和中国人民的亲密朋友，与毛泽东、周恩来、刘少奇、朱德、陈毅、邓小平等中央领导人有着深厚的友谊，他生前曾多次访问中国。著作有《胡志明选集》。

碧山小学 革命活动据点

遗址简介

遗址位于蒙自市草坝镇碧色寨村委会碧色寨村，距蒙自市区约 9 公里。原建筑尚存，建筑占地面积 312.74 平方米，保存完好，原为碧山小学办学场所，碧山小学迁出后，为草坝镇碧色寨村委会办公场所。2011 年 3 月，碧山小学革命活动据点被中共红河州委、州人民政府确定为红河州革命遗址，并于 2014 年在碧山小学内建成革命遗址标志碑。

碧山小学

碧色寨村

史实摘要

　　1936年，四川籍共产党员陈野萍到碧山小学任教。他利用教师职业作掩护，积极开展抗日救亡宣传活动。新中国建立后，陈野萍曾任中共中央组织部副部长。1937年，共产党员闵荫昌到蒙自县碧色寨碧山小学任教。1937年冬，闵荫昌从上海回到蒙自县碧色寨，受国民党地方政府委托重建碧山小学。闵荫昌向学生宣传党的主张，自编战时国文、战时常识并增开外语课，亲自教授英语、俄语，还到滇越铁路车站聘请法国人到校亲自教授法语。几年后，闵荫昌因另搞一套教材，不符合国民党教条，加之其曾在上海的革命活动被国民党查实，被免去教师职务，本来要进一步追究，得力于其担任国民党碧色寨镇长的兄长闵瑞昌向国民党当局担保，才得到"闵荫昌不得参加一切社会活动，只能在家里待着"的结果。后来被准许在当地做小生意。

闵荫昌简介

闵荫昌

（1902～1972）

闵荫昌，又名闵运昌，化名闵石邑、闵世忠。1902 年 8 月生于蒙自大屯镇（大屯镇 1962 年划归个旧市）。1922 年至 1926 年到上海南洋大学读书，读书期间因参加学生运动被捕，被囚于上海龙华司令部，北伐军打到上海后，所有被捕人员自行破狱而出。

1927 年，闵荫昌代表云南旅上海的学生组织到广州参加"云南努力社"的合并会议。云南旅北京、天津、武汉、沈阳等地的学生组织都有人参加，会议共七天，地点在广州大沙头第三军后方留守处，各地代表一致同意合并，以统一云南革命组织和增强全国革命力量，统一后的组织名称改为"新滇社"，在广州出版"铁花"刊物。合并会议结束后，以"新滇社"名义举办了一期训练班，闵荫昌入班受训，并由王德三、李作杞、杜涛介绍加入中国共产党，受训结束后，返回上海。

闵荫昌回上海后，仍在南洋大学读书，秘密组织工人、学生运动。1927 年 4 月蒋介石在上海发动"四·一二"政变，屠杀共产党人和革命群众，党组织为保存革命力量，将一批因身份暴露，被国民党匪帮跟踪的工农干部和知识分子干部派到苏联东方大学军事班受训，闵荫昌是其中一员。

1930 年，闵荫昌学习结束后回到上海，到商务书馆做工人，学习录制术。他虽然与党组织失去联系，但仍然坚持在工人中宣传革命思想，后被工厂开除。随后进入上海威牛洋行做杂工，闵荫昌边学习修理打字机边进行革命宣传，后被逮捕判刑五年，解往苏州陆军监狱囚禁，被关在六号囚室。

中日战争爆发后，日机轰炸苏州，监狱解散，其中政治犯只准假释，其他犯人则无条件释放，闵荫昌被假释出狱后，先逃到宜兴，因不是苏州人，不准久住，只好到上海找侄子闵光荣，因找不到侄子，辗转多地后回到云南家乡。

1937 年冬，闵荫昌回到碧色寨，其担任碧色寨镇镇长的兄长闵瑞昌把重建碧色寨碧山小学的任务交给他。通过闵荫昌精心组织修建，碧山小学很快建成投入使用。闵荫昌在碧山小学开展新式教学，宣传抗日，宣传共产党的主张；增开外语课，他自己教英、俄等外语，还到滇越铁路车站请人教法语；他不用当时中华书店的教材，自编战时国文、战时常识，亲自带学生义务劳动，大屯几家富家子女都慕名送入碧山小学就读。

几年后，闵荫昌因另搞一套教材，不符合国民党教条，国民党查实闵荫昌在上海的活动，被免去教员职务，本要追究，得力于闵瑞昌的担保，保证把他禁锢在家，不让他参加一切社会活动，才得在当地做小生意，先后开过杂货铺，卖过粮烟，开过货仓、油房。

云南解放后，闵荫昌到老厂某矿帮忙管账。1955 年 8 月，矿山公安机关认为，他既非厂商，又非矿工，将他逮捕，劳改两年刑满后释放。1957 年大屯兴修水利，苏联专家到大屯规划水利大沟，带去的翻译听不懂方言。有人推荐曾去过苏联的闵荫昌去翻译。但有人说他是地主、管制分子，还劳改过不能让他当翻译。后来，由于再也找不到合适的人，只得派专人监视着让他出来当翻译。闵荫昌非常出色地完成了任务，苏联专家很满意地说：这人你们要好好保护，将来还有用。

"文革"时期，中央专案组由公安人员陪同，到大屯了解刘少奇在上海的情况，原来当年闵荫昌在上海时和刘少奇、王若飞在一个党小组。而在特殊的年代，闵荫昌的这段经历却成了"污点"，使他成为大屯地区最大的阶级敌人，镇上开批斗会交代问题就成了家常便饭。批斗会回来总是鼻青脸肿，甚至门牙被打掉。多次批斗，让年迈体衰的闵荫昌健康受到极大损害，直到有一天批斗回来后一病不起，大屯卫生院不敢收他住院，改名换姓后才在红河州医院住下，但已医治无效，于 1972 年去世。

西南联大文法学院旧址

遗址简介

西南联大文法学院旧址包括蒙自海关税务司署、哥胪士洋行、法国领事府、周家宅院、王家宅院。蒙自海关税务司署位于蒙自市文澜镇南湖南路1号；哥胪士洋行位于蒙自市文澜镇南湖北路；法国领事府位于蒙自市文澜镇东村；周家宅院位于蒙自市文澜镇武庙街；王家宅院位于蒙自市区桂林街35号。

周家宅院2003年12月被云南省人民政府公布为省级文物保护单位。蒙自海关旧址（含海关税务司署、法国领事府、法国监狱、法国花园、哥胪士洋行）2006年5月被国务院公布为全国重点文物保护单位。王家宅院2012年1月被云南省人民政府公布为省级文物保护单位。

西南联大文法学院旧址1997年被云南省人民政府公布为省级爱国主义教育基地；2011年3月份被中共红河州委、州人民政府确定为红河州革命遗址；2011年6月被中共红河州委、红河州人民政府命名为中共党史教育基地；2011年，中共蒙自市委、市人民政府按照李克强总理（2010年视察蒙自时为副总理）视察蒙自时的指示，对西南联大文法学院进行较大修缮，建成1100平方米的展厅。

西南联大蒙自分校旧址

史实摘要

1937年7月，抗日战争全面爆发，华北沦陷。为保存国家教育力量，北京大学、清华大学、南开大学被迫南迁。10月，3校合并组成国立长沙临时大学。12月13日，南京沦陷。1938年1月，国立长沙临时大学决定迁至云南昆明，改称西南联合大学。因昆明校舍不足，北大校长蒋梦麟于同年3月前来蒙自了解校舍情况。14日，蒋梦麟回到昆明后，即于次日下午在四川旅行社召开会议，决定理工学院设在昆明，文学院、法商学院合并为"文法学院"，又称"西南联大蒙自分校"并迁往蒙自，由北大郑天挺、清华王明之、南开杨石先到蒙自筹设分校。1938年4月，国立长沙临时大学迁至昆明，更名为国立西南联合大学，其中文学院、法商学院迁至蒙自。

西南联大文法学院的教授和师生到达蒙自后，受到了当地政府和百姓的热烈欢迎。国民党蒙自县政府为师生们安排校舍和住宿，当地士绅也热情地为师生提供服务。西南联大文法学院的师生到蒙自后租住蒙自海关、法国领事馆、法国医院和哥胪士洋行。海关、领事馆和医院的房子做上课和教员的宿舍。哥胪士洋行做男生和

周家大院

部分单身教员宿舍，楼上住闻一多、郑天挺、丁洁等教授。朱自清、吴宓、吴晗、潘光旦等教授分别住大井杜家大院二楼、桂林街王家大院前楼和东门外李家大院。女生住城内豪绅周子荫（周柏斋）家花园的颐楼。颐楼有三层，迎南湖湖风，楼高风大，学生们忧国思乡，难以成眠，同学们谓之"听风楼"。

蒙自海关

　　西南联大师生到来的第二天，便刻苦用功学习。北京大学同学会、共产党员力易周，"中华民族解放先锋队云南地方队部"成员辛毓庄、郭松樊等在蒙自文庙举办民众夜校，吸引了200余名失学成人前来学习。课程内容紧密结合抗日，宣传抗

哥胪士洋行

法国领事馆

日，教唱抗日歌曲，如《大刀进行曲》《打回老家去》《游击队歌》《救亡进行曲》《松花江上》等，与蒙自人民沟通了感情，播下了进步思想的种子。西南联大文法学院爱好文艺的向长清、刘兆吉、穆旦（查良铮）等20余名学生发起组织了"南湖诗社"，请闻一多、朱自清先生做导师，活动主要方式是不定期出版《南湖诗刊》壁报，举行诗歌座谈，请教授们演讲等。一部分学生在蒙自进行社会调查，曾到蒙自郊外的新安所调查农民的生产生活情况，去个旧了解锡矿工人的劳动条件和工资待遇及个碧石铁路的历史沿革和现实问题等；一部分学生收集蒙自城区的抗战对联；一部分学生则在闻一多先生指导下到民众中采写民歌。西南联大师生的到来，使蒙自人民的爱国主义思想得到了进一步升华，蒙自的抗日救亡运动高潮迭起。抗战一周年时，西南联大文法学院和蒙自各界一起开展抗日救国募捐活动，西南联大文法学院师生积极捐款2000余元，居蒙自各界之首，在他们的带动下，蒙自人民也纷纷捐款。

1938年9月，西南联大因文法学院远在蒙自管理不便，图书资料奇缺，办学条件太差；又因国民党中央初级航空军官学校由广西桂林迁到蒙自，需要占用西南联大文法学院的校舍和附近的空地，于是将文法学院迁回昆明。8月底，学生考试完毕后，师生们陆续迁往昆明。文法学院在蒙自办学虽只有一个学期，但在蒙自期间宣传了抗日救国的爱国思想，传播了反帝反封建的革命精神，开拓了边疆文化教育，对蒙自的文明进步起到积极的推动作用。

纪念馆内部陈列

蒙自杂记

朱自清

我在蒙自住过五个月，我的家也在那里住过两个月。我现在常常想起这个地方，特别是在人事繁忙的时候。

蒙自小得好，人少得好。看惯大城的人，见了蒙自的城圈儿会觉得像玩具似的，正像坐惯了普通火车的人，乍踏上个碧石小火车，会觉得像玩具似的一样。但是住下来，就渐渐觉得有意思。城里只有一条大街，不消几趟就走熟了。书店，文具店，点心店，电筒店，差不多闭了眼可以找到门儿。城外的名胜去处，南湖，湖里的菘岛，军山，三山公园，一下午便可走遍，怪省力的。不论城里城外，在路上走，有时候会看不见一个人。整个儿天地仿佛是自己的；自我扩展到无穷远、无穷大，这教我想起了台州和白马湖，在那两处住的时候，也有这种静味。

大街上有一家卖糖粥的，带着卖煎粑粑。桌子凳子乃至碗匙等都很干净，又便宜。我们联大师生照顾的特别多。掌柜是个四川人，姓雷，白发苍苍的。他脸上常挂着微笑，却并不是巴结顾客的样儿。他爱点古玩什么的，每张桌子上，竹器、瓷器占着一半儿；糖粥和粑粑便摆在这些桌子上吃。他家里还藏着些"精品"，高兴的时候，会特地去拿来请顾客赏玩一番。老头儿有个老伴儿，带一个伙计，就这么活着，倒也自得其乐。我们管这个铺子叫"雷稀饭"，管那掌柜的也叫这名儿；他的人缘儿是很好的。

城内最可注意的是人家的门对儿。这里许多门对儿都切合着人家的姓。别地方固然也有这么办的，但没有这里的多。散步的时候边看边猜，倒很有意思。但是最多的是抗战的门对儿。昆明也有，不过按比例说，怕不及蒙自的多；多了，就造成一种氛围气，叫在街上走的人不忘记这个时代的这个国家。这似乎也算利用旧形式宣传抗战建国，是值得鼓励的。眼前旧历年就到了，这种抗战春联，大可提倡一下。蒙自的正式宣传工作，除党部的标语外，教育局的努力，也值得记载。他们将一座旧戏台改为演讲台，又每天张贴油印的广播消息。这都是有益民众的。他们的经费不多，能够逐步做去，是很有希望的。他们又帮忙北大的学生办了一所民众夜校。报名的非常踊跃，但因为教师和座位的关系，只收了二百人。夜校办了两三个月，学生颇认真，成绩相当可观。那时蒙自的联大要搬到昆明来，便只得停了。教育局长向我表示很可惜，看他的态度，他说的是真心话。蒙自的民众相当的乐意接受宣传。联大的学生曾经来过一次灭蝇运动。四五月间，蒙自苍蝇真多。有一位朋友在街上笑了一下，一张口便飞进一个去。灭蝇运动之后，街上许多食物铺子，备了冷布罩子，虽然简陋，不能不说是进步。铺子的人常和我们说："这是你们来了之后才有的呀"。可见他们是很虚心的。

蒙自有个火把节，四乡是在阴历六月二十四晚上，城里是二十五晚上。那晚上城里人家都在门口烧着芦秆或树枝，一处处一堆堆熊熊的火光，围着些男男女女大人小孩，孩子们手里更提着烂布浸油的火球儿晃来晃去的，跳着叫着，冷静的城顿然热闹起来。这火是光、是热、是力量、是青年。四乡地方空阔，都用一棵棵小树烧，想象着一片茫茫的大黑暗里涌起一团团的热火，光景够雄伟的。四乡那些夷人，该更享受这个节，他们该更热烈的跳着叫着罢。这也许是个被除节，但暗示着生活力的伟大，是个有意义的风俗；在这抗战时期，需要鼓舞精神的时期，它的意义更是深厚。

南湖在冬春两季水很少，有一半简直干得不剩一点二滴儿。但到了夏季，涨得溶溶滟滟的，真是返老还童一般。湖堤上种了成行的由加利树，高而直的干子，不差什么也有"参天"之势，细而长的叶子，像惯于拂水的垂杨，我一站到堤上禁不住想到北平的什刹海。再加上菘岛那一带田田的荷叶，亭亭的荷花，更像什刹海子。菘岛是个好地方，但我看还不如三山公园曲折幽静。这里只有三个小土堆儿，几个朴素小亭儿。可是回旋起伏，树木掩映，这儿那儿更点缀着一些石桌、石墩之类；看上去也罢，走起来也罢，都让人有点余味可以咀嚼似的。这不能不感谢那位李菘军长。南湖上的路都是他的军士筑的，菘岛和军山也是他重新修整的；而这个小小的公园更见出他的匠心。这一带他写的匾额很多。他自然不是书家，不过笔势瘦硬，颇有些英气。

联大租借了海关和东方汇理银行旧址，是蒙自最好的地方。海关里高大的由加利树，和一片软软的绿草是主要的调子，进了门不但心胸一宽，而且周身觉得润润的。树头上好些白鹭，和北平太庙里的"灰鹤"是一类，北方叫作"老等"。那洁白的羽毛，那伶俐的姿态，耐人看，一清早看尤好。在一个角落里有一条灌木林的甬道，夜里月光从叶缝里筛下来，该是顶有趣的。另一个角落长着些芒果树和木瓜树，可惜太阳力量不够，果实结得不肥，但沾着点热带味，也叫人高兴。银行里花多，遍地的颜色，随时都有，不寂寞。最艳丽的要数叶子花。花是浊浊的紫，脉络分明活像叶，一丛丛的，一片片的，真是"浓得化不开"。花开的时候真久，我们四月里去，它就开了，八月里走，它还没谢呢。

回忆西南联大蒙自分校

钱 穆

西南联大文学院定在蒙自开课，余等遂结队往。蒙自乃旧日法租界，今已荒废，有希腊老夫妇一对，在此开设一旅馆，不忍离去。曾一度回视故乡，又重来守此终老。联大既至，诸教授携眷来者皆住此旅馆中，一切刀叉锅碗杂物争购一空。与余同室者，乃清华历史系主任徐崇鋐，治西洋史，亦在北大兼课，故余两人乃素稔，崇鋐每晨起必泡浓茶一壶，余常饮之，茶味极佳。附近有安南人开设一小咖啡店，余等前在河内饮越南咖啡而悦之，遂常往其店。河内咖啡店多悬两画像，一位公关，一则孙中山先生。此店亦然。

学校附近有一湖，四围有人行道，又有一茶亭，升出湖中，师生皆环湖闲游。远望女学生一队队，孰为联大学生，孰为蒙自学生，衣装迥异，一望可辨。但不久环湖尽是联大学生，更不见蒙自学生。盖衣装尽成一色矣。联大女生自北平来，本皆穿袜。但过香港，乃尽露双腿。蒙自女生亦效之。短裙露腿，赤足双履中，风气之变，其速又如此。

入春来，值雨季，连旬滂沱，不能出户。城中亦罢市。其时最堪忧惧者，乃有巨蛇进入室中，惊惶逃避，不可言状。及雨季过，湖水皆盈，乃成一极佳散步胜地。出学校去湖上，先经一堤，堤上一门，有一横匾，题"秋至杨生"四字。初不解其意，后乃知入门一路两旁皆种杨柳，雨季过，即交秋令，杨柳皆发芽，绿条成荫，更为湖光生色。柳皆春生，唯此独秋生也。余自此每日必至湖上，常坐茶亭中，移暑不厌。

一日，北大校长蒋梦麟自昆明来，入夜，北大师生聚会欢迎，有学生来余室邀余出席。两邀皆婉拒。嗣念室中枯坐亦无聊，乃姑去。诸教授方连续登台竞言联大种种不公平。其时南开校长张伯苓及北大校长均留重庆。惟清华校长梅贻琦常驻昆明。所派各学院院长，各学系主任，皆有偏。如文学院长常由清华冯芝生连任，何不轮及北大，如汤锡予，岂不堪当一上选。其他率如此，列举不已。一时师生群议分校，争主独立。余闻之，不禁起坐发言。主席请余登台。余言："此乃何时，他日胜利还归，岂不各校仍自独立。今乃在此蒙自争独立，不知梦麟校长返重庆将从何发言。"余言至此，梦麟校长即起立言："今夕钱先生一番话已成定论，可弗在此题上起争议，当另商他事。"群无言，不久会亦散。隔日下午，校长夫人亲治茶点，招余及其他数位教授小叙。梦麟校长在北平新婚，曾有茶会，余未参加，其夫人至是乃新识也。

有同事陈梦家，先以新文学名。余在北大、燕大兼课，梦家亦来选课，遂好上古先秦史，又治龟甲文。其夫人乃燕大有名校花，追逐有人，而独赏梦家长衫落拓有中国文学家气味，遂赋归也。及是夫妇同来联大。其夫人长英国文学，勤读而多病。联大图书馆所藏英文文学各书，几乎无不披览。师生群推之。梦家在流亡中第一任务，所至必先觅屋安家。诸教授群慕与其夫妇游，而彼夫妇亦特喜与余游，常相过从。梦家犹时时与余有所讨论。一夕，在余卧室近旁一旷地上，梦家劝余为中国通史写一教科书。余言："材料太多，所知有限，当俟他日仿赵瓯北《二十二史札记》体裁，就所知各造长篇畅论之。所知不详者，则付缺如。"梦家言："此乃先生为一己学术地位计。有志治史学者，当受益不浅。但先生未为全国大学青年计，亦未为时代近切需要计。先成一教科书。国内受益者其数岂可衡量。"余言："君言亦有理，容余思之。"又一夕，又两人会一地，梦家继申前议，谓："前夜所陈，先生意竟如何？"余谓："兹事体大，流亡中，恐不易觅得一机会，当俟他日平安返故都乃试为之。"梦家曰："不然，如平安返故都，先生兴趣广，门路多，不知又有几许题材涌上心来，哪肯尽抛却来写一教科书，不如今日生活不安，书籍不富，先生只就平日课堂所讲，随笔书之，岂不驾轻就熟，而读者亦易受益。"余言："汝言甚有理，余当改变初衷，先试成一体例。体例定，如君言，在此再留两年，亦或可仓促成书。"梦家言："如此当为全国大学青年先祝贺，其他受益人亦复不可计，幸先生勿变今夕所允。"余之有意撰写《国史大纲》一书，实梦家两夕话所促成之。而在余之《国史大纲》引论中，乃竟未提及。及今闻梦家已作古人，握笔追思，岂胜怅惘。

不久，忽传文学院决于暑假迁返昆明。余闻之，大懊丧。方期撰写《史纲》，昆明交接频繁，何得闲暇落笔。因念宜良山水胜地，距昆明不远，倘或卜居宜良，以半星期去昆明任课，尚得半星期清闲，庶得山水之助，可以闭门撰述。一友知余意，谓识宜良县长，有一别墅在西郊山中，或可暂借。余立促其通函商请，得复函允可。余大喜，遂决一人去宜良。

时锡予、自昭皆惜蒙自环境佳，学校既迁，留此小住，待秋季开学始去昆明，可获数月流连清静，乃更约吴雨生、沈有鼎及其他两人，共余七人，借居旧时法国医院。闻者谓，传闻法国医院有鬼，君等乃不惜与鬼为邻，七人亦意不为动，遂迁去。不久，又闻空军中漏出音讯，当有空袭。法国医院距空军基地不远，果有空袭，乃成危险地带。沈有鼎自言能占易。某夜，众请有鼎试占，得节之九二，翻书检之，竟是"不出门庭凶"五字。众大惊。遂定每晨起，早餐后即出门，择野外林石胜处，或坐或卧，各出所携书阅之。随带面包、火腿、牛肉作午餐，热水瓶中装茶解渴，下午4时后始归。医院地甚大，旷无人居，余等七人各占一室，三餐始集合，群推雨生为总指挥。三餐前，雨生挨室叩门叫唤，不得迟到。及结队避空袭，连续经旬，一切由雨生发号施令，俨如在军遇敌，众莫敢违。然亦感健身怡情，得未曾有。余每出则携《通史随笔》数厚册。自在北平始授此课，先一日必作准备，写录所需史料，逐年逐月逐项加以添写，积五六厚本，及离北平藏衣箱底层夹缝中携出，至南岳、蒙自又续有添写。此乃余日后拟写《史纲》所凭之唯一祖本，不得不倍加珍惜。数日后，敌机果来，乃误炸城中市区，多处被轰炸，受祸惨烈。而城外仅受虚惊，空军基地无恙，法国医院亦无恙。此下遂渐安。开学期近，各自治装，锡予、自昭两人乃送余去宜良。

作者简介

钱穆，字宾四，江苏无锡人，1895年生。1912年即在乡村任小学教师，历中学至大学。曾任燕京、北大、清华、北师大、西南联大、齐鲁、华西、四川、江南等大学教授。后在香港创办新亚书院。1957年到台北定居。1990年去世。

梦回蒙自

——记冯友兰先生在蒙自

宗璞

对我的父亲——冯友兰先生来说，蒙自是一个有特殊意义的地方。

1938年春，北大、清华、南开三校从暂驻足的衡山湘水，迁到昆明，成立了西南联合大学。因为昆明没有足够的校舍，文、法学院移到蒙自，自4至8月停留了4个月。我们住在桂林街王维玉宅。那是一个有内外有天井、楼上楼下的云南民宅。一对年轻夫妇住楼上，他们是陈梦家和赵萝蕤。我们住楼下。在楼下的一间小房间里，父亲修订完毕《新理学》，交小印刷店石印成书。

《新理学》是哲学家冯友兰哲学体系的奠基之作。初稿在南岳写成。自序云："稿成之后，即离南岳赴滇，到蒙自后，又加写鬼神一章，第四章第七章亦大修改，其余各章字句亦有修正。值战时，深恐稿件散失。故于正式印行前，先在蒙自石印若干部，分送同好。"此即为最初的《新理学》版本。其扉页有诗云："印罢衡山所著书，踌躇四顾对南湖。鲁鱼亥豕君休笑，此是当前国难图。"据兄长冯钟辽回忆，父亲写作时，他曾参加抄稿。大概就是《心性》《义理》和《鬼神》这几章。我因年幼，涂鸦未成，只能捣乱，未获准亲近书稿。

《新理学》石印本现仅存一部，为人民大学石峻教授所藏。纸略作黄色，很薄，字迹清晰。这书似乎是该在煤油灯或豆油灯下看的。

蒙自是个可爱的小城，文学院在城外南湖边，原海关旧址。据清华浦薛凤教授记："一进大门，松柏夹道，殊有些清华工字厅一带情景。故学生有戏称昆明如北平，蒙自如海淀者。"父亲每天到办公室，我和弟弟钟越随往。我们先学习一阵（似乎念过《三字经》），就到处闲逛。园中林木幽深，植物品种繁多，都长的极茂盛而热烈，使我们这些北方孩子瞠目结舌。记得有一段路全为蔷薇花遮蔽，大学生坐在花丛里看书。花丛暂时隔开了战火。几个水池子，印象中阴沉可怖，深不可测。总觉得会有妖怪从水中钻出。我们私下称为黑龙潭、白龙潭、黄龙潭……不知现在去看，还会不会有这样的联想。

南湖的水颇丰满，柳岸河堤，可以一观。有时候父母亲携我们到南湖边散步。那时父亲是43岁，半部黑髯（胡子不长故称半部）一袭长衫，飘然而行。父亲于1938年自湘赴滇途经镇南关折臂，动作不便，乃留了胡子。他很为自己的胡子长得很快而骄傲。当年闻一多先生参加步行团，从长沙一步步走到昆明，也蓄了胡子。闻一多先生给家人信中说："此次搬家，搬出了好几个胡子。但大家都说，只有我和冯芝生的最美。"

记得那时有些先生的家眷还没有来，母亲常在星期六轮流请大家来家里用点家常饭。照例是炸酱面，有摊鸡蛋皮、炒豌豆尖等菜肴。以后到昆明也没吃过那样好的豌豆尖了。记得一次听见父亲对母亲说，朱先生（自清）警告要来吃饭的朋友说，冯家的炸酱面很好吃，可小心不可过量，否则会胀得难受。大家笑了半天。

那时，新滇币和中央法币的比值是十比一，旧滇币和新滇币的比值也是十比一，都在流通。用法币计算，鸡蛋一角钱可买一百个。以法币为工资的人不愁没钱用。在抗战八年的艰苦的日子里，蒙自数月如激流中一段平静温柔的流水，想起来，总觉得这小城亲切又充满诗意。

当时生活虽较平静，人们未尝少忘战争。而且抗战必胜的信心是坚定的，那是全民族的信心。1938年7月7日学校和当地民众在旧海关旷地举行抗战纪念集会。父亲出席作讲演，强调一年来抗战成绩令人满意，中国坚持持久战是有希望的，一城一地之失，不可悲观，中国必将取得最后胜利。又言战争固能破坏，同时也将取得文明之进步。并鼓励学术界提高效率。浦薛凤说这次讲演"语甚精当"。

在那战火纷飞的年月，学生常有流动。有的人一腔热血，要上前线；有的人追求真理，奔赴延安。父亲对此的一贯态度还是1932年"九一八"事变在清华引用《左传》的那几句话："不有居者，谁守社稷？不有行者，谁捍牧圉？"（没有留下的人，谁来守护家园？没有走出去的人，谁来捍卫放牧牲畜？）奔赴国难或者在校读书都是神圣的职责，可无论做什么都要做好。

清华第十级在蒙自毕业，父亲为毕业同学题词："天降大任于斯人也，必先苦其心志，劳其筋骨。饿其体肤，空乏其身，行拂乱其所为，所以动心忍性，增益其所不能。第十级诸同学由北平而长沙衡山，由长沙衡山而昆明蒙自，屡经艰苦，其所不能，增益盖已多矣。书孟子语为其毕业纪念。"

1988 年第十级毕业 50 周年，要出一纪念刊物。王瑶（第十级学生）教授来请父亲题词，父亲题诗云："曾赏山茶八度花，犹欣南度得还家。再题册子一回顾，五十年间浪淘沙！"

如今又是 5 年过去了。父亲也去世 3 年有余了。岁月流逝，滚滚不尽。哲人留下的足迹，令人长思。

作家简介

宗璞（1928~），原名冯钟璞，祖籍河南唐河，生于北京。乃著名哲学家冯友兰先生之女，助承家学，抗战胜利次年入南开大学外文系，后曾就职于中国文联及编辑部工作。又多年从事外文学研究，吸取了中国传统文化与西方文化之精粹，学养深厚，气韵独特。

新安所中心小学

革命活动据点

遗址简介

遗址位于蒙自市新安所镇老城区五一街和城内街中间，距蒙自市区 7 公里。遗址原建筑尚存，始建于明万历四年（1576 年），建筑占地面积 2000 平方米。道光十五年（1835 年），改为文昌书院，清光绪三十三年（1907 年）改为两等小学堂。清康熙二十四年（1685 年）、乾隆八年（1743 年）重修。2009 年 3 月，蒙自县文体局和新安所镇人民政府对遗址进行修复。遗址原为新安所中心小学办学场所，后在遗址附近新建新安所中心小学教学楼，遗址建筑闲置未用，由新安所镇文化服务中心管理。校内"修补所城碑"1991 年被红河州人民政府公布为州级文物保护单位。中山堂（文昌书院）2004 年被蒙自县人民政府公布为县级文物保护单位，2012 年 1 月被公布为省级文物保护单位。2011 年 3 月，新安所中心小学革命活动据点被中共红河州委、州人民政府确定为红河州革命遗址，2014 年在校内建成革命遗址标志碑。

史实摘要

　　1945年3月，蒙自新安所中心小学（简称新安小学）校长王慈善经校内进步教师王济昌的推荐，聘请在国民党第六十军军部"抗日建国剧团"工作的文化教员白华到新安小学任教。白华于1938年11月在昆明加入中国共产党，后因工作调动与党组织失去联系。白华在校内主动配合校长王慈善办学，教唱革命歌曲，开展抗日宣传活动；成立学生家长联谊会，加强学校和家长的联系。白华秘密组织有教师王济昌、廖成恩、赵家禧和学生何思问等参加的读书会，组织他们阅读进步书刊。1945年8月，日本宣布无条件投降，白华随军前往越南接受日军投降。白华临走前，受王慈善委托，安排进步师生赵家禧、廖成恩、何思问到石屏师范学校聘请教师到新安小学任教。赵家禧、廖成恩、何思问到石屏后，得到石屏党组织负责人钟君勉的接待。钟君勉介绍进步青年胡斌（胡宪章）、李联（李金寿）、罗克（罗广才）到新安小学任教。

　　1946年秋，在昆明读书期间加入民青的刘永富，因"李闻惨案"发生后活动频

新安所文昌宫

繁，被特务盯梢，党组织安排其回家乡蒙自新安所，到新安小学任教。1947年1月，受省工委和滇南党组织负责人张华俊的委派，党员孔永清到蒙自以税捐稽征处雇员、税务职员等职业为掩护开展工作。3月，孔永清与刘永富接上民青组织关系。孔永清与刘永富发展新安小学教师胡斌、李联加入民青，之后孔永清到新安小学任教。不久，孔永清带领胡斌、罗克等教师创办党的秘密刊物《心声》，用蜡版刻印后在蒙自地区秘密散发。孔永清等以学生家访为由，深入山乡村寨，广交农民朋友，宣传发动群众，培养革命积极分子，发展新安小学高年级学生何思问、刘怀冰、冯琼玉、邓福英等加入民青。6月，孔永清介绍刘永富入党，发展罗克加入民青，随后又介绍胡斌、李联、罗克入党，为在蒙自恢复党组织打下了基础。

孔永清在新安小学任教一个学期后，为开辟新的工作据点，离开新安小学。离开新安小学前，孔永清先后介绍喻秉坊、王世铭、雷中庆、马燕堂、郭永存、杨爱群(赖宏图)、张耀群、余有礼(李自来)、黄邦宁等20多名党员、民青成员、进步青年从石屏、建水到新安小学任教，使新安小学的教员全部由共产党员或民青成员担任，新安小学成为蒙自党组织掌握的革命活动据点。

到1949年3月，新安所镇的党员和民青成员发展到30余人，建立了共产党、民青混合支部，书记刘永富。6月，建立新安所党支部，书记赵家禧。

孔永清简介

孔永清（1923~1966），石屏县小水村人，彝族。1939年秋考入石屏师范附属初级中学读书。1942年秋考入为党所掌握的建水建民中学，次年3月，经该校进步学生领导人昌恩泽（昌宝宏）介绍加入中国共产党。1946年底，孔永清奉派到蒙自负责党的工作，以不同的社会职业身份和化名作掩护恢复和开辟蒙自地下党的工作。孔永清曾化名孔南山，在蒙自税局稽征处当税务员，不顾个人安危创办党的地下刊物《心声》，编写揭露蒋介石国民党反动派统治的诗歌、散文等，将这些刊物秘密传送到蒙自县中、新安所、草坝等地，团结教育发动一批进步青年加入革命队伍。李家声等就是在这一时期接受了革命思想，加入革命队伍的。

孔永清
（1923 ～ 1966）

孔永清到新安所小学任教后，秘密组织"读书会"，发展民青成员和党员，开展了多层次的统战工作。经努力，取得了镇长王蔚心、副镇长王维杞、校长王慈善的支持和信任，新安所小学基本上为地下党掌握，成为党开辟农村工作的一个重要阵地和桥梁。孔永清以新安所为基地，在清水塘、新田、大横塘、阿三寨、小新寨、庄家寨、小坡头、红墙院、芷村、庄寨等地开辟了新的工作据点。1948年3月，中共蒙自县委成立，孔永清任县委书记。1948年8月，中共蒙自县委调整，马慧任书记，孔永清任副书记。之后孔永清进入

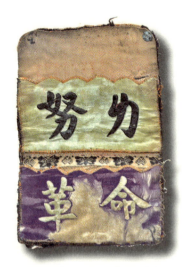

地下党使用过的绣荷包

孔永清使用过的指南针

蒙自冷泉山区，与万仁麟、万福麟一起，仅半年时间就组织了二十多个村子的农民翻身会，建立了二百多人枪的两个民兵大队。通过统战工作，取得了县参议员万物生、冷泉镇长万庆麟的支持和掩护，把冷泉镇公所改造成为"白皮红心"的两面政权，利用伪联保武装的嚣张气焰，巩固了工作据点。1948年秋，滇南地工委派孔永清、胡斌、罗克等到屏边苗族聚居区开展工作。他们深入群众调查研究，认真贯彻党的民族政策，强调尊重兄弟民族的风俗习惯，从加强统一战线入手，积极发展壮大组织力量。1949年7月，中共屏边县委在蒙自冷泉黑山村彝族干部杨树美家成立，孔永清任书记。经过努力，从蒙自冷泉镇隐蔽区、芷莫区的清水塘、松树坡等彝族山区到屏边的木戈底、瑶人寨、大马底、腊梯、白水等苗族、彝族、瑶族等各兄弟民族村寨，在一百多公里长的地区都建立了地下党的工作据点。建立了"蒙屏护乡团"，团长洪大明，政委孔永清。1950年1月1日，中共屏边县人民政府成立，孔永清任县委书记兼第一任县长。1958年，孔永清从蒙自地委调任云南化工厂担任领导。1964年调化工厅任副厅长，1966年去世。

刘永富简介

刘永富（1926～1998），1926年9月生于蒙自县新安所。1941年就读于昆明云瑞中学，初中未毕业，便考入昆华高级商业职业学校（以下简称昆商）。1944年12月25日，云南省工委组织纪念云南护国起义29周年。纪念大会上，护国元老和许多知名教授由云龙、闻一多、吴晗等在大会演讲，会后举行游行，刘永富参加大会和游行，对其民主思想起到了启蒙作用。

1945年11月25日，中共云南省工委在昆明领导6000余名大中专学生在联大校园集会，听取费孝通、潘大逵、钱瑞升等教授的反内战演讲，大会发表了《反内战宣言》。翌日，联大学生到昆商联络罢课，昆商组成罢课委员会，刘永富被选为罢课委员会常委，带领学生上街宣传。28日，昆明31所大中学校联合成立昆明罢课委员会（简称罢委会），发表了《昆明市大、中学生反内战抗议美国武装干涉告全国同胞书》《告美国人民书》《致美国政府书》《告美国士兵书》《告工人书》《告全市各机关公务员书》。12月1日发生了震惊中外的昆明"一二·一"惨案后，刘永富当即组织学生上街宣传，事后学生领袖尹宏介绍刘永富参加了民青，由赵伟单线联系，刘永富从此走上革命道路。1946年5月，昆明市民青在滇池渔船上召开代表会议，刘永富被选为民青昆明城中区委员会宣教委员。"李闻惨案"发生后不久，为避开当局的抓捕，组织让刘永富离昆避居新安所家中。刘永富利用家庭社会关系在新安所开展统战工作。镇长王慰心聘请刘永富到镇公所当会计，同时又在新安小学任教，以教师和会计的合法身份在新安所及周边农村开展革命宣传。

1947年，滇南工委派孔永清到蒙自重建党组织，到新安所小学与刘永富接上民青关系。6月发展刘永富加入中国共产党，刘永富成为40年代中共在蒙自重建组织后发展的第一个党员。

1947年9月，刘永富回新安所小学教书时，徐庆镛便警告新安所小学校长王慈善说"刘永富是危险分子，昆明学运骨干，要进行调查，不准聘为教师"。党组织认为刘永富已被敌人注意，孔永清便令其转移，先后到一平浪公路管理站、一平浪平安子弟小学工作。后又被派到个旧云锡中学、纳垌小学教书，之后张华俊又把他调到大屯开展农村工作。

不久，刘永富被组织派往砚山阿猛地区开展工作。刘永富以阿猛小学教师身份为掩护开展革命工作，发展了陈国彦、熊大庆、赵应江等加入民青，又争取了上层人士小学校长陈安恭和地方实力派原镇长贺光荣。1948 年 8 月 9 日～13 日，与砚山、丘北、广南的上层民主人士 40 余人，在砚山同乐乡布洼村举行联谊会，决定结盟反蒋，开展武装斗争，组成了 500 余人的云南人民讨蒋自救军——砚广支队。8 月 29 日，刘永富参与组织武装攻打砚山县城时，与杨益民等 6 人不幸被捕入狱，刘与杨益民被囚 7 个月，从未泄露党的机密。后通过杨益民家庭关系（杨益民系当时砚山县长杨苑珍之子）活动出狱。1949 年 2 月，刘永富回到蒙自，经县委副书记马慧代表组织审察后，恢复组织关系，派到新安所任党和民青混合支部书记。在刘永富影响下，其妹刘怀冰参加了民青组织，成为县委书记马慧的通讯联络员，其父刘玉文同情支持革命，许多党的领导同志来往均在刘家食宿。滇南工委指定刘家为党的联络站。1949 年 7 月，蒙自县委扩大会在刘家召开，刘玉文先生把家里人都安排出去放哨，刘永富利用其父刘玉文在新安所地区的声望，与新安所镇长王雅伯、副镇长王维杞、镇公所财政员冯友宗、保卫干事郝安国等建立了统战关系，向边纵十支队蒙屏护乡团捐赠枪支弹药支持革命。1949 年 3 月，刘永富被派到县立中学以教师职业为掩护，开展统战及发展组织，接替马慧对县中校长侯奉瑾的联系。刘在县中时先后介绍了赵家禧、王慈善、王世民（铭）、侯奉琅、曾大经、和舰洋加入中国共产党。同年 7 月，刘永富被派到西南区（水沟、大屯一带）开展工作，建立党的基层组织，开展宣传，组织"反三征"斗争，发展了农会会员百余人。11 月，按县委指示，刘永富在西南区组织 41 人枪，前往屏边参加蒙屏护乡团。刘永富在护乡团先后任指导员、教导员。

1950 年 1 月，屏边县人民政府成立，刘永富被任命为文教科长。2 月调回蒙自任县征粮委员会主任。4 月，蒙自县人民政府成立，刘永富任民政科长兼公安局副局长。1951 年土改前夕，干部回避，调元江县人民政府任秘书。1956 年调玉溪专区合作办事处任科长。1958 年以"反党"为由，被错处回家。回到蒙自无落脚处，向农民租了间猪厩住下，不久其妻忧郁成疾而逝。他带领三个孩子，捞河沙，挑大粪，打土墼，背水泥，以敷四口之家。在极其艰难的日子里，得到民主革命时期的老同志李联、杨益民等资助。21 年的风雨岁月中，刘永富白天干活，晚上在煤油灯下研读《国际共产主义运动史》《反杜林论》《资本论》，写下了 200 余万字的读书笔记和 100 多本日记。他说："是马克思主义、共产主义信念支撑我度过了艰难岁月。"

中共十一届三中全会后，1979 年 11 月刘永富冤案得到平反，他先后出任县工商局秘书股长，中共蒙自县委党校副校长。1983 年，刘永富离休后仍然坚持到各单位讲课和编纂民主革命时期的党史资料，省老干局局长、原滇南工委委员谢加林提出：刘永富有亲身经历，情况熟悉，由他执笔。刘永富在古稀之年，身体多病的情况下，毅然接受任务，花一年多时间，在谢加林的帮助下完成了6万余字的《中共蒙自党史辑要》。1998年春，《中共蒙自党史辑要》脱稿，但他却住进了医院，刘永富弥留之际，还牵挂着《中共蒙自党史辑要》的刊印，为党的事业奋斗到最后一刻。1998年4月，刘永富病逝，享年72岁。

地下党使用过的文件袋

同心酱油厂

革命活动据点

遗址简介

　　遗址位于蒙自市老城区大树街原蒙自县医院大门右侧。遗址原建筑无存，遗址上新建了蒙自县人民医院大楼，现已拆迁。2011 年 3 月，同心酱油厂革命活动据点被中共红河州委、州人民政府确定为红河州革命遗址。

史实摘要

　　1942 年，云南蚕业新村股份有限公司（简称云南蚕业公司）到湖南招收工读生学员时，与党组织失去联系的共产党员赵希克抱着寻找党组织的愿望，应招来到蒙自草坝。抗战胜利后，云南蚕业公司宣布关闭。为谋生路，赵希克到蒙自城区文澜镇大树街创办同心酱油厂。1947 年春，党员孔永清在发行《心声》刊物的过程中，认识与党组织失去联系的赵希克。赵希克以同心酱油厂老板的身份为掩护，利用经常往返于蒙自城乡推销产品、采购原料的有利条件，积极传送《心声》刊物。1948 年 1 月，孔永清介绍赵希克重新入党，并委派他在草坝蚕种场发展党员和民青成员，组织开展工人运动。

同心酱油厂原貌

同心酱油厂车间原貌

1948年8月，赵希克任中共蒙自县委委员，党组织利用其"酱油老板"的身份，与国民党蒙自县政界、商界、军界的人士广泛接触，掌握各方面情报。赵希克的家成为蒙自党组织重要的地下交通联络站。1949年8月，赵希克任中共蒙自县委副书记，负责蒙屏护乡团的供应和情报工作。他积极为蒙屏护乡团筹集枪支弹药和军需物资，向蒙屏护乡团捐赠半开2200元。同时，通过在国民党第二十六军军部工作的共产党员和布球，搜集国民党的军事情报；与国民党第二十六军第九十三师情报组组长周某、副官廖某以湖南同乡的名义建立关系，争取他们支持革命工作。1950年1月蒙自解放时，主持蒙自县委工作的赵希克带领党员、民青成员积极做好支前迎军工作。

同心酱油厂是蒙自党组织重要的地下交通联络站，是党的重要革命活动据点。

赵希克简介

赵希克（1914～1962），1914年出生于湖南省常德市，雇农家庭出身。1934年5月，赵希克到国民革命军第53师当兵，因对国民党军队的腐败十分不满，不久便离队回家。1938年元月，赵希克考入国民政府军政部办的制革厂当学徒，参加中共地下党员张国良建立的秘密组织"读书会"和公开组织"业余歌咏队"，接受中国共产党的启蒙教育。1939年9月，经张国良介绍加入中国共产党。10月，张国良被捕，他和党组织失去联系。1940年，云南省草坝蚕业新村公司到湖南招收工读生，他和中共党员张祯报名来到蒙自草坝半工半读。就读期间，他组织了同学会，领导工读生以罢课、罢工等行动，支持丝厂女工争取"三八"妇女节放假一天的权利；支持丝厂女工张万凤领导的要求改善

赵希克
（1914～1962）

生活，提高待遇的斗争。工读学校毕业后，在公司任职员。

1945年3月，赵希克离开蚕业新村公司，到蒙自大树街办酱油厂。1947年结识中共蒙自地下党员孔永清，借办厂经商常往返于各地的条件，传送和散发孔永清主办的刊物《心声》。年底，经孔永清介绍重新入党。1948年4月，赵希克发展了一批民青成员。5月，在草坝成立共产党和民青混合支部，赵希克任支部书记。8月，赵希克任中共蒙自县委宣传委员。1949年8月，任县委副书记，兼办蒙屏护乡团的供应和情报工作。在此期间，他为蒙屏护乡团筹集了一批枪支弹药，向蒙屏护乡团捐赠半开2200元。又通过在国民党二十六军军部工作的和布球，搜集国民党的军事

情报，与二十六军九十三师情报组长周书记（名不详）、廖副官（名不详）以湖南同乡的名义建立了关系，争取他们为革命做些工作。12月，周书记通知赵希克，国民党蒙自驻军在逃跑之前要进行大搜捕，赵希克立即通知党员及非党地下工作者及时撤离，保护了地下党的组织和革命力量。

1950年1月16日，蒙自解放，1月25日成立军管会，赵希克任蒙自县政府军事代表。4月，中共蒙自县委号召买公债，赵希克带头买了1200份，是当时购买公债最多的领导干部。6月，三十八师在草坝办胜利纸厂，他捐赠人民币3000元。蒙自专署成立，赵希克任专署工商科长兼专区贸易公司经理。1952年，在"三反"运动中被错定为大贪污犯，判有期徒刑15年，开除党籍，送草坝农场劳改。1962年在草坝劳改农场含冤去世。1981年7月28日，云南省高级人民法院对赵希克贪污案进行复查，撤销原判，宣告赵希克无罪，给予平反昭雪，党组织恢复他的党籍。

文澜中心小学分校

革命活动据点

遗址简介

遗址位于蒙自市老城区大井巷东头阁学街和桂林街中间今蒙自二小老校区内，遗址土主庙始建于宣统元年（1909 年），后用于创办蚕桑研究所女子小学。1912 年，改为半日制女子两级小学，1922 年改称南屏女子小学。不久，改半日制为全日制。1947 年，共产党员马慧（女）任校长，改称文澜中心小学分校，男女同校。遗址原建筑尚存土主庙，现为该校图书室，称"博雅斋"。2011 年 3 月，文澜中心小学分校革命活动据点被中共红河州委、州人民政府确定为红河州革命遗址。2014 年，在博雅斋前方右侧墙壁镶上革命遗址标志牌。

史实摘要

1947 年 11 月，民主人士、云南省参议员马伯周的女儿、共产党员马慧经党组织委派，返回家乡蒙自，通过蒙自县教育局局长缪光宇安排到文澜中心小学分校（简称文澜分校）任校长。

1948 年 3 月，经中共开广工委批准，恢复建立中共蒙自县委。开广工委委员孔永清任县委书记，马慧任副书记，委员张子休。不久，孔永清、马慧在校园开展的革命活动引起了国民党蒙自当局的警觉。国民党蒙自县县长赵生白强令县教育局："文澜分校孔永清等外籍教师形迹可疑，立即解聘，限 3 天出境，否则不负责人身安全。"孔永清等迫于国民党当局的追查，暂时撤离蒙自。

1948 年 7 月，马慧根据党组织的安排，先后聘请党员马可、李涵英、赵寿民（赵德光）、吕洁芝及民青成员刘幼程（刘汉伟）、俞月辉、杨玉华（杨康）到文澜分校，分别担任学校行政领导和教师。马慧有多年的教学管理经验，治校严谨。在共产党员和民青成员的努力下，文澜分校民主风气浓厚，精神面貌焕然一新，教学质量迅速提高，高小毕业生全部考入省立蒙自中学和蒙自县立初级中学。

1948 年 8 月，中共滇南工委书记张华俊到蒙自检查工作，调整充实中共蒙自县委，书记马慧，副书记孔永清，增选胡斌、赵希克为委员。马慧在蒙自的频繁活动引起国民党特务的注意，特务在恐吓信中威逼马慧："三天内滚蛋，否则没有好下场。"马慧却坦然地对周围的同志说："恐吓是国民党的惯技，没有什么可怕，但要提高警惕。"国民党特务、警察局局长叶巍多次于凌晨带人闯入马慧宿舍，以查户口为由，查找党的文件和进步书刊。11 月，由于马慧的活动受特务和警察的严密监视，中共滇南工委再次调整蒙自县委，由滇南地工委委员谢加林兼任蒙自县委书记，马慧改任副书记，孔永清继任县委副书记，委员不变。

1949 年 3 月，建立蒙自文澜分校党支部，书记马可，组织委员李秀云，宣传委员吕洁芝。1949 年 5 月，由于受到国民党反动当局严密跟踪监视，滇南地委决定马可、马慧和李秀云撤离蒙自，文澜分校党支部停止活动。

蒙自二小老校区教学楼

缪光宇简介

缪光宇（1896～1971），原名汝祯，字莆庵，后改名光宇。蒙自县鸡街（现属个旧）人。缪光宇毕业于云南省立高等师范学校，历任蒙自两级小学、蒙个联合中学教师、校长等职。1927年加入中国共产党，1931年因云南地下党遭极大破坏，缪光宇改名后获得护照，化装潜出河口，与党组织失去联系。1931至1945年在抗日军队中做政治宣传工作，1947年年底以后任蒙自县教育局长，1950年蒙自解放后，历任县工商科长、城关区长，县第一届政协委员。

缪光宇

（1896～1971）

民国初期，正值废科举办新学，缪汝祯从省立高等师范学校毕业回乡后，积极献身于办新学、振兴中华文化的事业，先在蒙自（高、初）两等（级）小学任音乐、体育教员、校长兼蒙（自）个（旧）联合中学、中法中学、蒙求小学课，后在蒙（自）个（旧）联合中学任教务主任兼音乐、体育课并升任为校长。1930年继任蒙自、个旧等十（县）属联合师范学校校长。缪汝祯任教期间，守职尽责，思想进步，教学认真，宣传时事，教唱进步革命歌曲，对人态度和蔼，对学生谆谆教诲，深得学生、家长爱戴，培育了蒙自等十余县数以千计的文化新人。

缪汝祯以在校职务为掩护，先后聘请中共党员张经辰、杜涛、吴诚格、王有元、进步青年孔惠贞、何玉鸣等到校任教，并接待过中共云南临时省委负责人吴澄同志住在其家中，供给食宿。1929年5月16日，反动派在蒙自杀害我中共云南地下党创始人之一李鑫及优秀党员杨逢春、戴德明、巨伯年四同志，巨伯年烈士遗体由铁路工人掩埋，缪汝祯不畏艰险，与学生陈德性雇人在夜间将三烈士遗体悄悄掩埋。

1931年反动派清共，中共云南地下党组织遭到极大破坏，缪光宇投笔从戎，到十九路军搞政治宣传，参加淞沪抗战。1947年回到蒙自任教育局长，一方面努力整顿教务，发展地方教育事业，另一方面支持中共地下党的革命斗争，先后掩护我中共滇东南工委负责人岳世华、中共蒙自县委书记孔永清、谢加林、马慧等到县立中学、文澜分校等任教，大批党、团（民青）员到城乡中、小学任教，以教育职业作掩护，开展地下斗争。

马慧简介

马慧，1920 年 9 月 7 日出生于蒙自县文澜镇，1927 年进入蒙自县南屏女子小学读书。1937 年，马慧考入省立蒙自师范学校，在其兄马愚的影响下，积极参加抗日救亡活动。她组织歌咏活动，参加学校进步教师创办的励进社，阅读进步报刊，为《潮风》《风味》等抗日壁报撰写稿件。1940 年秋，马慧考入昆明昆华女子中学高中部读书。1942 年初，经马愚介绍，马慧结识在昆工作的共产党员岳世华，随即参加了由岳世华、马愚等直接领导的马列主义读书小组。她阅读革命书刊，参与新音乐运动，演唱抗日歌曲，散发进步宣传材料。1944 年秋，马慧高中毕业，先后到昆明螺峰小学、新华小学任教，担任这两所学校的新联小组

马慧
（1920 ~ 1950）

负责人。1945 年 9 月，经何功楷介绍加入中国共产党。抗日战争胜利后，国民党发动内战，昆明学生掀起"反内战，争和平；反独裁，争民主"的斗争，蒋介石指使云南军警制造了震惊中外的"一二·一"惨案，激起全国人民的愤怒和反抗。马慧积极参加运动。除捐献出自己唯一的财产——一块手表外，还参加了悼念李、闻的集会，到街头书写和粘贴标语，揭露国民党的法西斯罪行。1947 年 11 月马慧到蒙自文澜镇中心小学分校（女校）任校长，恢复和发展蒙自地区中共地下党组织。1948 年 3 月，马慧任中共蒙自县委副书记。同年 8 月，在县委书记孔永清和一批已暴露的同志转移到山区工作后，她接任县委书记，继续坚持斗争。因

蒙自烈士陵园内的马慧烈士墓

马慧身居要职，活动频繁，引起了国民党蒙自军政当局的注意，并多次被搜家，虽然每次马慧都沉着应付过去，但她的处境也越来越危险。1949 年 7 月，组织决定让马慧撤离蒙自，到元江游击区工作，任中共元江县委委员、组织部长兼第四区（猪街、羊街）区委书记。1950 年 4 月 25 日，马慧在第四区主持征粮工作会议时，因叛徒勾结土匪暴动，被土匪残忍杀害，时年 30 岁，现安葬于蒙自革命烈士陵园。

李秀云简介

李秀云（1926～1950），又名李俊伟，云南省蒙自县文澜镇人，女，汉族，1926年6月出生在一个商业世家。1932年就读于蒙自县南屏女子小学。1937年秋考入云南省立蒙自师范学校，1940年秋，进入昆明市昆华女子高中部学习。在校期间，她积极参加各种进步活动，接受共产主义思潮的熏陶。1944年秋，在昆明市螺峰小学任教，并逐步走上革命斗争的道路。1945年12月，反动政府制造了震惊中外的"一二·一"惨案，李秀云积极投身到这场轰轰烈烈的昆明学生反内战、要求和平民主的运动中。于1946年加入中国共产党。1947年11月，经组织派遣，通过当时教育局长缪光宇的关系，与马慧一起进入蒙自文澜镇中心小学分校任教，先后担任教员、教务主任。1949年

李秀云

（1926～1950）

蒙自烈士陵园内的李秀云
（李俊伟）烈士墓

3月，任中共蒙自县文澜镇中心小学分校支部组织委员。在中共蒙自县委的直接领导下，她协助马慧对男女分校教书的传统方式进行了改革，接纳了一批共产党员和民青成员到校内任教。同时，她做通父亲李伴梅的工作，腾出自家花园，解决了外籍教师及地下工作人员的食宿和安全问题。由于活动频繁，受到国民党特务的监视。1949年夏，上级党组织将李秀云转移到元江县负责妇女工作。1950年4月25日，在参加猪街区政府的征粮工作会议时，遇土匪暴动，李秀云惨遭杀害。2003年3月31日烈士遗骸从元江县迁入蒙自革命烈士陵园。

蒙自县立初级中学革命活动据点

遗址简介

遗址位于蒙自市东大街文庙内（原县医院院址）。原建筑文庙始建于明洪武年间，迭代重修，文庙大门早已拆毁，现存大成殿，建筑占地面积 423 平方米。解放战争时期，蒙自县立初级中学在文庙办学。蒙自解放后，文庙一度为蒙自县人民医院使用，蒙自县人民医院搬迁新址后，大成殿空置，保存基本完好。大成殿 2008 年被蒙自县人民政府公布为县级文物保护单位。2011 年 3 月，蒙自县立初级中学革命活动据点被中共红河州委、州人民政府确定为红河州革命遗址。

史实摘要

蒙自县立初级中学创办于1943年8月，校长先由国民党蒙自县党部书记长、县教育局局长徐庆铺兼任。蒙自县立初级中学一度被国民党和"三青团"把持，学生被迫集体加入"三青团"。学校原来设有学生自治会，1945年12月昆明"一二·一"学生运动后，学生自治会被国民党当局取缔。1947年秋，爱国民主人士、云南省参议员马伯周（马慧之父）及开明士绅、昆明昆华商业学校校长侯奉琨，看不惯徐庆铺利用职权在教育界胡作非为，便联络蒙自旅省同乡会，联名向国民党云南省教育厅控诉徐庆铺，要求免去徐庆铺兼任的国民党蒙自县教育局局长及蒙自县立初级中学校长职务，并推荐在教育界有声誉的缪光宇担任国民党蒙自县教育局局长，获省教育厅批准。昆明建民中学党组织和旅昆同乡会动员在昆明建民中学任总务主任的侯奉瑾返回家乡蒙自，任蒙自县立初级中学校长。侯奉瑾在昆明读书期间受学生爱国民主运动的影响，思想进步，倾向革命，曾为党做过不少工作。

1947年7月，省工委决定建立中共开（化）广（南）工委，负责文山、西畴、麻栗坡、马关、砚山、广南、富宁等县的工作，书记岳世华，委员陆琼辉（陆毅）、吴士霖、舒守训（文庄）、孔永清。1948年2月，省工委将滇南地区的开远、蒙自、屏边、河口4县党的工作划归开广工委领导。同月，侯奉瑾出任蒙自县立初级中学校长后，在蒙自遇到中学时的同学岳世华，即聘岳世华到蒙自县立初级中学担任训育主任。岳世华经上级党组织同意，从昆明将张子休（张宗容）、章步伦、和鉴洋、周培基等党员、民青成员、进步青年调到蒙自县立初级中学任教。1949年4月，侯奉瑾又接纳和安排孔永清、谢加林、刘永富等一批党员到蒙自县立初级中学任教。1949年4月，蒙自县立初级中学与省立蒙自中学联合建立蒙自中学党支部，书记先后由邓宇凡、冉林芳担任，组织委员章步伦，宣传委员刘永富。党支部建立后，在蒙自县立初级中学先后发展曾大经、和鉴洋、万犹麟、何美英、杨福庭等进步教师、学生加入党组织和民青组织。1949年7月末，党组织将新安小学校长、统战人士王慈善安排在蒙自县立初级中学任总务主任。至1949年底，蒙自县立初级中学的党员和民青成员教师已达21人，占蒙自县立初级中学教师总数的70%以上，班导师（班主任）全部由党员或民青教师担任。党组织在蒙自县立初级中学培养了一大批革命骨干。

岳世华简介

岳世华，1919年3月15日出生于云南省江川县，1937年11月在云大附中读书期间参加党的外围组织"云南抗日先锋队"，1939年7月加入中国共产党。他先后担任过重庆"读书出版社"分社经理，中共云南工委外围组织"新联"负责人，中共文山县委负责人，中共文山地委书记，中共滇南工委副书记，中共滇南地委书记，滇桂黔边纵十支队政委、代司令员等职务。在艰苦的革命战争期间，岳世华积极参加抗日救亡运动、学生运动、地下斗争和解放战争，为革命抛头颅洒热血，多次闯过"生死关"，为云南的解放事业作出了积极的贡献。

岳世华
（1919～2003）

新中国成立后，岳世华积极致力于云南社会主义建设事业。先后担任过中共蒙自地委第二书记，蒙自公署专员，云南省交通厅厅长，西南第六公路工程局局长、党委书记，云南省城建局局长、党组书记，云南省化学石油工业厅副厅长，云南省电力局副局长、党组副书记、局长、党组书记，中共云南省顾问委员会委员等职务。岳世华为云南交通、建筑、化工、能源等工业领域的建设和发展作出了开拓性的突出贡献。

1977年以后，在云南电力的建设和发展中，岳世华同志领导和组织了西洱河水电站二级、漫湾水电站、鲁布革电站、小龙潭电厂、昆明电厂及巡检司电厂等厂站的筹建和建设工作，开创了云南电力事业大发展的新局面，为云南电力跨入大机组、超高压、大电网奠定了基础，为云南电力事业的蓬勃发展作出了巨大贡献。1990年，岳世华同志离休后，仍然十分关心云南经济建设特别是云南电力事业的建设和发展，积极关心和支持云南电力工业局、云南电力集团有限公司的各项工作。

岳世华同志于2003年12月15日因病去世，享年85岁。

省立蒙自中学 革命活动据点

遗址简介

　　遗址位于蒙自市南湖北路蒙自第一中学校园内，遗址原建筑无存。遗址在解放战争时期为省立蒙自中学办学场所，蒙自解放后为蒙自一中办学场所。2006 年 7 月，蒙自一中建设新校区，新老校区分设办学。2011 年 3 月，省立蒙自中学革命活动据点被中共红河州委、州人民政府确定为红河州革命遗址，2014 年，在校内建成革命遗址标志碑。

省立蒙自中学课室　　　　　　　省立蒙自中学住宿部

史实摘要

　　1947年8月，进步青年教师冉林芳从石屏师范学校到省立蒙自中学任教。11月，冉林芳的同乡、党员宋启华受省工委指派，到滇东南开展革命工作，途经蒙自时介绍冉林芳加入民青。冉林芳在进步师生中组织读书会，阅读进步书刊，组织学生出墙报、黑板报，排演进步文艺节目。1948年9月，冉林芳介绍省立蒙自中学5名进步学生加入民青，建立民青小组，冉林芳任组长。为加强党在省立蒙自中学的领导力量，经中共蒙自县委同意，冉林芳以同学关系，介绍党员邓宇凡（邓勋）到校任教。

邓宇凡、冉林芳在学校进步学生中发展谭应朝、龙潜波、邓德昌、李永祥、万子瑜等20余名民青成员。1949年2月，邓宇凡介绍冉林芳、龚作华入党。

1949年4月，蒙自县立中学与省立蒙自中学联合建立蒙自中学党支部，书记先后由邓宇凡、冉林芳担任，组织委员章步伦，宣传委员刘永富。

在县委的领导下，党支部掌握了学生会的领导权，组织学生阅读革命

省立蒙自中学礼堂

书刊，教唱进步歌曲，出墙报办期刊，加强对学生的培养教育，发展了一批党员和民青成员。至1949年底，省立蒙自中学的党员发展到5人，民青成员36人。

1949年7月后，省立蒙自中学先后输送10多名学生到新安、芷村、大屯、草坝等农村校点开展农村工作；民青学生张绍德、孙琦山参加蒙屏护乡团；留校和留在城市的学生，在解放蒙自的战斗中，有许多自愿参加了迎军支前工作。蒙自解放后，在省立蒙自中学培养发展的党员、民青学生积极投入清匪反霸、征粮建政等革命和建设中，民青成员李秀珊献出年轻宝贵的生命。

多法勒小学 革命活动据点

遗址简介

　　遗址位于蒙自市文澜镇多法勒村委会多法勒村，距蒙自市区约 4 公里。遗址原为一间大庙，1986 年被火烧毁，1988 年在原址上建盖多法勒小学综合办公楼，现为多法勒小学办学场所。2011 年 3 月，多法勒小学革命活动据点被中共红河州委、州人民政府确定为红河州革命遗址，2014 年在校门口建成革命遗址标志碑。

史实摘要

　　1947年4月，共产党员孔永清派多法勒小学进步教师高登做多法勒小学校长王保贤的工作，王保贤允诺在多法勒小学增设一名教师。孔永清随即委派共产党员李家声到多法勒小学任教，由高登、李家声负责开辟党在多法勒地区的工作。1948年8月，经中共蒙自县委批准，高登加入民青。1949年9月，李家声介绍高登、邓树德入党，并经东南区委批准，建立东南区多法勒共产党、民青混合支部，书记李家声。遵照东南区委的部署，多法勒共产党、民青混合支部的党员和民青成员利用家访等时机，广泛接触群众，宣传共产党的主张，在农民运动的积极分子中培养和发展了30名民青成员，建立有300余人参加的弟兄会和农民翻身会，使党在多法勒地区的工作面迅速扩大。

多法勒小学原貌

十六村中心小学
革命活动据点

遗址简介

    遗址位于蒙自市草坝镇中心学校，距蒙自市区约20公里。原建筑无存，遗址上新建了草坝镇中心小学教学楼等设施。2011年3月，十六村中心小学革命活动据点被中共红河州委、州人民政府确定为红河州革命遗址，2014年，在校内建成革命遗址标志碑。

史实摘要

1948 年 7 月，曾在省立昆华高级农业职业学校读书的草坝大郭西村进步青年李锦铭回到家乡，到草坝十六村中心小学任教务主任。9 月，为加强党在草坝地区的骨干力量，蒙自县委将李锦铭的同学、建民中学民青成员陆士忠、王诚调到草坝十六村中心小学任教。他们白天教书，晚上和节假日走村串寨，访问学生家长，组织弟兄会、农民翻身会、民兵组织。1949 年 1 月，党员谢树功到草坝十六村中心小学任教。随后，蒙自县委指示谢树功和草坝蚕种场许浩文及随后调来的姚守誓组成草坝临时党支部，负责草坝地区农村党的工作。3 月，草坝十六村中心小学校长陆荣昌因车祸身亡，经蒙自县委活动，蒙自县教育局局长缪光宇任命李锦铭为该校校长。4 月，谢加林、谢树功介绍陆士忠、王诚、李锦铭入党。6 月，建立中共草坝区委，书记谢树功，副书记李锦铭，组织委员王诚，宣传委员陆士忠。草坝区委是蒙自县委建立的第一个区委。草坝区委建立后，蒙自县委从昆明、石屏和省立蒙自中学、蒙自县立初级中学、草坝蚕种场调尤毕、马燕堂、李景涛、黄美才、曹松年、谭应朝、周之全、张建华、欧玉英、欧玉芝、胡璧宝、李楸、吴丽坤、王禄善、李玉生、莫锦文、姚守韧等一批共产党员、民青成员和进步教师，分别到草坝地区各村寨小学任教，开展革命活动。至 1949 年秋，草坝区委建立了大郭西党支部、大水塘党支部、假邑党支部、长冲党支部，革命斗争呈现出一派蓬勃向上的崭新局面。蒙屏护乡团组建时，草坝区委输送 30 余人参加蒙屏护乡团。

草坝十六村小学原貌

清水塘 地下交通联络站

遗址简介

遗址位于蒙自市新安所镇新庄村委会下清水塘村刘文彦住宅，遗址距蒙自市区约20公里，距新安所镇政府所在地约13公里。原建筑尚存，过去为草房，现改为瓦顶。祝占海家在蒙自解放后由下清水塘村搬迁到上清水塘村，原建筑无存，现为林地。2011年3月，清水塘地下交通联络站被中共红河州委、州人民政府确定为红河州革命遗址，2014年，在下清水塘村内建成革命遗址标志碑。

下清水塘村

蒙自县城—新安所—清水塘—阿乌白—莫别—屏边，是中共蒙自县委在东南地区建立的一条重要交通线。为保证交通线畅通，1948年，中共蒙自县委在下清水塘设立地下交通联络站。联络站是通过新安小学进步学生刘文彦、民青学生祝占海建立起来的。刘文彦、祝占海的家就在下清水塘，党员孔永清等常在下清水塘活动，在刘文彦、祝占海家食宿前后一年多。刘文彦、祝占海利用到新安所赶集的机会，为党组织传递信件、材料。许多从新安所镇出发到屏边等地的干部，第一站就吃住在刘文彦、祝占海家。

上清水塘村

遗址标志碑

刘文彦住宅

中共 **屏边县委** 建立地

遗址简介

　　遗址位于蒙自市冷泉镇鸡白旦村委会黑山村，遗址距蒙自市区约30公里，距冷泉镇政府所在地10公里，距鸡白旦村委会所在地12公里。原建筑为杨树美家住房，已被拆除，在原址上建盖了新的住房，现由杨树美后人居住。2011年3月，中共屏边县委建立地被中共红河州委、州人民政府确定为红河州革命遗址，2014年，在黑山村内建成革命遗址标志碑。

杨树美住宅

史实摘要

1948 年 10 月初，"七一五"反美扶日运动后，共产党员万福麟迫于国民党特务的跟踪监视，受党组织委派到元江参加游击队。为避开特务的跟踪，万福麟假道蒙自再到元江。中共蒙自县委书记马慧征得上级党组织和万福麟本人同意，将万福麟派回其家乡冷泉镇开展革命工作。

万福麟回冷泉镇后，其工作得到民主人士、时任国民党蒙自县参议员的父亲万物生及时任国民党冷泉镇镇长、胞兄万庆麟的支持。万福麟很快在嘎龙村串联贫苦农民，建立由五六名贫苦农民组成的弟兄会。1948 年 10 月底，滇南工委和蒙自县委派蒙自县委副书记孔永清到冷泉领导农运工作，由万福麟安排在黑山村彝族头人杨树美家住下。孔永清、万福麟分工合作，万福麟主要从事反蒋统一战线工作；孔永清侧重走村串寨，宣传和发动群众，开展山区农民运动。短短 1 个多月的时间，他们就在黑山、嘎龙两村建立了农民翻身会和弟兄会组织，并把工作推进到绿翠塘、水田一带。孔永清和万福麟在黑山、嘎龙介绍花祥、杨朝臣、周正昌、周正友、杨小寿、杨朝贞、杨朝兴等农民翻身会会员入党。孔永清在绿翠塘、水田介绍张世华、张明贞父子及彭顺福等入党。11 月底，建立冷泉临时党支部，书记万福麟。

冷泉临时党支部建立后，孔永清向滇南地工委详细汇报了工作情况，要求加派干部，将工作向屏边推进。滇南地工委研究认为，蒙自交通方便，又有国民党重兵把守，不适宜打游击；而屏边离蒙自较远，山高林密，地势险要，交通不便，易于隐蔽，是开展武装斗争比较理想的地方。因此，决定在屏边开辟游击区。滇南地工委要求把冷泉建成巩固的工作据点，在人力物力上为开辟屏边的工作提供支持，并立即调配干部，加强冷泉地区的工作。1948 年 12 月，滇南地工委派党员杨汉

黑山村

光、民青成员张联文到冷泉的黑山，把工作推向附近的彝族村寨。1949年1月，孔永清经请示滇南工委同意，将在元江游击区工作的党员万仁麟调回家乡冷泉工作。2月，滇南地工委为开辟屏边工作，决定撤销冷泉临时党支部，建立中共冷泉区委，书记万仁麟，组织委员杨汉光、宣教委员万福麟，孔永清驻冷泉指导工作。冷泉区委直属滇南地工委领导，仍与蒙自县委保持工作联系。1949年春，滇南地工委先后委派党员普灿、姚福元、郭宝全、李树成，民青成员陈仆、邓德安、郭启亮等到冷泉地区加强工作。至1949年3月底，党组织在冷泉的兴隆、洒马嘎、老洼寨、竹木孔、季马租、绿翠塘、水田、炭山村近20来个村子建立了农民翻身会、弟兄会、民兵组织，人员达700余人。在嘎龙村西面以黑山村为中心，东面以水田村为中心，各建立了1个民兵大队，共200余人枪，西区大队长杨树美，东区大队长彭顺福。

1949年7月初，根据中共滇南地委元江洼垤会议精神，中共屏边县委在蒙自县冷泉镇黑山村杨树美家建立，孔永清任书记，委员万仁麟、胡斌、万福麟。

杨树美住宅原貌

嘎龙村

革命活动据点

遗址简介

　　遗址位于蒙自市冷泉镇鸡白旦村委会嘎龙村，距蒙自市区约 29 公里，距冷泉镇政府所在地约 9 公里，距鸡白旦村委会所在地约 5 公里。共产党员万福麟、万仁麟在冷泉镇嘎龙村的住宅原建筑尚存，为两层楼四合院土木结构瓦顶房屋，蒙自解放后为嘎龙小学办学场所，嘎龙小学迁出后闲置，年久失修，梁柱糟杇，部分塌陷。2011 年 3 月，嘎龙村革命活动据点被中共红河州委、州人民政府确定为红河州革命遗址，2014 年，在村头建成革命遗址标志碑。

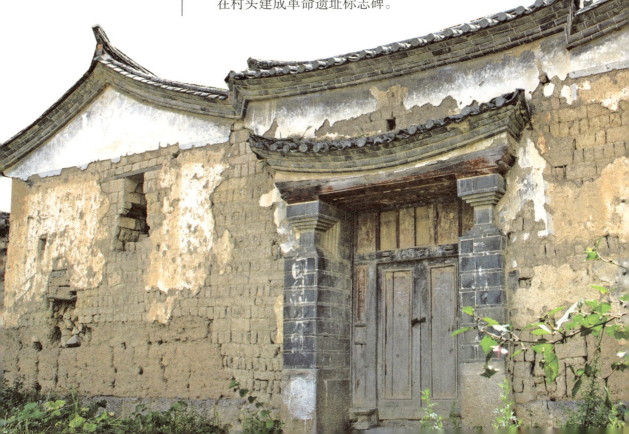

史实摘要

1948年10月初，在昆明爱国民主学生运动中加入中国共产党的革命知识青年万福麟为避开特务的跟踪监视，受组织委派到元江参加游击队。万福麟假道蒙自到元江。中共蒙自县委书记马慧征得上级党组织和万福麟本人同意，将万福麟挽留并派回其家乡冷泉镇开展革命工作。万福麟回冷泉镇后，通过统战工作，得到民主人士、时任国民党蒙自县参议员的父亲万物生及时任国民党冷泉镇镇长、胞兄万庆麟的支持，回到故乡嘎龙村，在贫苦农民中串联、宣传和发动群众，建立了由五六名贫苦农民组成的弟兄会，在冷泉站稳了脚跟。1948年10月底，中共滇南工委为加强党在冷泉地区的领导力量，委派蒙自县委副书记孔永清到冷泉领导农运工作。孔永清到达冷泉后，与万福麟分工合作，在统战关系的掩护下，放手发动群众。他们以嘎龙、黑山为据点，把工作推进到绿翠塘、水田一带。1948年11月底，经中共蒙自县委批准，冷泉临时党支部成立，万福麟任书记。这是中共蒙自县委在解放战争时期在蒙自山区建立的第一个党支部，直属中共蒙自县委领导。冷泉党支部的诞生，标志着党的工作从城市成功转移，为党在山区组织开展农民运动和武装斗争打开了新局面。

嘎龙村

遗址标志碑

曾用作小学教室的万福麟旧居

黑山村地下交通联络站

遗址简介

　　遗址位于蒙自市冷泉镇鸡白旦村委会黑山村，距蒙自市区约30公里，距冷泉镇政府所在地10公里，距鸡白旦村委会所在地12公里。遗址陈正荣家住宅原建筑遗迹无存，现为闲置空地。2011年3月，黑山村地下交通联络站被中共红河州委、州人民政府确定为红河州革命遗址，2014年，在村内建成革命遗址标志碑。

遗址标志碑

黑山村

史实摘要

　　1948 年秋，滇南地工委指示，由蒙自县委负责加强冷泉地区的农村工作，逐步向屏边山区发展，建立革命武装。为此，中共蒙自县委和滇南地工委在冷泉镇黑山村设立地下交通联络站，并派共产党员、黑山村农民陈正荣担任联络员，负责冷泉到蒙自县城、芷村、屏边木戈底的联络工作。陈正荣除与蒙自县委副书记赵希克联络外，还经常从冷泉送信到屏边木戈底村。陈正荣家里很穷，组织上没有发给他一分钱的补助，两年时间内，陈正荣没有买过一双鞋。从冷泉到屏边来回一趟需走 3 天，每天要走六七十里山路，陈正荣每次都是赤着脚完成任务。

黑山村原貌

草坝蚕种场

革命活动据点

遗址简介

　　遗址位于蒙自市草坝镇云南省蚕蜂研究所内，遗址距蒙自市区约 20 公里。原建筑尚存，建筑占地面积约 2000 平方米。2012 年 5 月，云南蚕业新村股份公司旧址及杨文波故居被红河州人民政府公布为州级文物保护单位。2011 年 3 月，草坝蚕种场革命活动据点被中共红河州委、州人民政府确定为红河州革命遗址，2014 年，在遗址建筑前建成革命遗址标志碑。

史实摘要

抗日战争时期，国民党云南省经济委员会与中国银行、中国交通银行、中国农民银行以及云南富滇新银行等大财团联合，在蒙自草坝创办了集缫丝、制糖、酒精、植桑养蚕为一体的云南蚕业新村股份有限公司，有职员 100 余人，多时有万余人。

1942 年，云南蚕业公司到湖南招收工读生学员时，与党组织失去联系的赵希克抱着寻找党组织的愿望，应招来到蒙自草坝。赵希克与同时应招的学员到达云南蚕业公司所在地草坝后，公司却改变原来给他们工读生待遇的许诺，只给这些背井离乡的青年以童工的待遇，每天工作长达十三四个小时，而所得的报酬却难以糊口。一年到头，外地工人连回家的路费都挣不够。赵希克对公司背信弃义和虐待工读生的做法愤愤不平。在公司高级工程师、工读学校校长、共产党员向希平的领导下，赵希克等组织工读生开展了罢工斗争，迫使公司恢复了工读生待遇，缩短了劳动时间。罢工斗争的胜利，对引导工人团结起来，捍卫自身的权益起到了积极作用，也为以后党在工人中开展活动奠定了基础。

抗战胜利后，云南蚕业公司宣布关闭。为谋生路，赵希克到蒙自城区大树街创办同心酱油厂。1947 年春，孔永清在发行《心声》刊物的过程中，结识与党组织失去联系的赵希克。1948 年 1 月，孔永清介绍赵希克重新入党，并委派他在草坝蚕种场发展党员和民青成员，组织开展工人运动。同年，赵希克的妻子闵如兰加入民青，协助赵希克开展党的工作。赵希克通过骨干分子，逐步在工人、技术员、工读生中组织读书会、工人识字班、同乡会、同学会、姐妹会、弟兄会，并在这些群众组织中教唱进步歌曲，灌输革命思想，宣传革命道理。

1948 年春，云南蚕业公司草坝蚕种场不按时发放工资。在革命思想影响下，已初步觉醒的工人自发组织罢工，要求场方立即补发被拖欠的工资。工人们头天才串联，第二天即无人上班。工头拖出一名工人毒打，想把"闹事"工人的气焰压下去。

遗址一角

144

愤怒的工人每人操起一根棍子蜂拥而上，工头见势不妙，大喊救命。场部保安队想把工人们包围起来，工人却毫无畏惧，越聚越多。保安队员看到工人们人多势大，待在那里不敢动手。场方资本家考虑到此时正是养蚕大忙季节，罢工延续下去，势必造成更大损失，只好立即补发拖欠工人的工资。

1948年6月，赵希克介绍草坝蚕种场进步工人许浩文、姚守誓加入民青。11月以后，赵希克介绍许浩文入党，吸收李树成等加入民青。12月，草坝蚕种场共产党、民青混合支部建立，书记赵希克。为充实党在草坝蚕种场的领导力量，蒙自县委将党员普灿、张建华调到蚕种场当工人。不久，党支部发展草坝蚕种场技术员曹秀英、场部总务处职员李明万以及黄邦宁等入党。

1949年春，云南蚕业公司草坝蚕种场工头王岱宗诬蔑工人梁永太要夺保安队员的枪，指使保安队员将梁永太打伤。消息传出，群情激奋。草坝蚕种场共产党、民青混合支部决定立即组织全场工人罢工。工人在普灿、李明万、曹秀英等党员、民青成员的带领下，一起涌向场长胡元恺的办公室，向胡元恺郑重提出：立即惩办打伤工人梁永太的凶手；被打工人梁永太养伤期间要发给工资，并由厂方负责一切医药费；保证今后工人人身不受侵犯。胡元恺看到工人人多心齐，又是养蚕的关键时刻，上万公斤桑叶在太阳曝晒下变质，担心罢工延续会造成重大损失，只好答应工人们的后两项要求。

1949年4月，草坝蚕种场党支部建立，书记许浩文，委员黄邦宁、普灿、张建华。党支部建立后，先后有草坝蚕种场副场长向金章、技术员杨镛和职工时耿金、段永明、舒家禄（舒予明）等48人加入共产党或民青组织。

1949年7月，云南蚕业公司草坝蚕种场拖欠工人3个月的工资，草坝蚕种场党支部为争取场方补发拖欠的工资，组织全场职工包括部分保安队队员举行罢工。经过工人们近30天的罢工斗争，草坝蚕种场补发了拖欠工人的工资。罢工斗争胜利后，草坝蚕种场党支部发展经过罢工斗争锻炼和考验的曹松年、欧玉芝等4人入党，发展孙秀媛等12人加入民青。

1949年8月，根据县委的指示，蚕种场党支部先后输送黄邦宁、王凤翔、曹松年、刘映祥、张福英、李瑞兰等到农村开展农运工作。1949年11月下旬，蒙自县委从草坝蚕种场选派35名党员、民青成员等参加边纵第十支队蒙屏护乡团。

冷泉小学革命活动据点

遗址简介

遗址位于蒙自市冷泉镇中心小学内，距蒙自市区约20公里。原建筑尚存，始建于清代，建筑占地面积2600平方米，为四合院土木结构瓦房。遗址原为冷泉小学办学场所，后在附近新建冷泉小学教学楼，现为幼儿园。2011年3月，冷泉小学革命活动据点被中共红河州委、州人民政府确定为红河州革命遗址，2014年，在校内建成革命遗址标志碑。

遗址标志碑

遗址现状

史实摘要

1948年秋，滇南地工委指示，由蒙自县委负责加强冷泉地区农村工作，逐步向屏边山区发展，建立革命武装。1949年2月，建立滇南地工委直属的中共冷泉区委。冷泉区委通过国民党冷泉镇镇长万庆麟，安排民青成员邓德安任冷泉中心小学校长。随后，邓德安从蒙自聘请两名民青成员到冷泉中心小学任教，不久又发展冷泉镇公所干事何希尧加入民青，建立冷泉中心小学民青小组和冷泉镇公所民青小组，冷泉中心小学成为党组织的革命活动据点。

遗址所处村落

观音洞 地下交通联络站

遗址简介

遗址位于蒙自市新安所镇何家寨村委会何家寨村金坡寺内，遗址距蒙自市区15公里，距新安所镇政府所在地7公里。金坡寺始建于清乾隆年间初期，1940年国民党第六十军第一八四师司令部设在金坡寺，驻军撤走后辟为阿三寨小学（第七、第八保国民小学），为何家寨小学前身。土改后成为民居，"文革"中被摧毁殆尽。金坡寺下有一洞，名观音洞，"文革"中被毁。1987年，重建金坡寺，建筑占地面积约3000平方米，现保存完好。2012年1月，观音洞金坡寺被公布为省级文物保护单位。2011年3月，观音洞地下交通联络站被中共红河州委、州人民政府确定为红河州革命遗址。

史实摘要

1949 年 7 月，屏边县委先后委派共产党员王世铭、杨朝栋、黄邦宁、何思问到设在蒙自何家寨村附近观音洞金坡寺内的阿三寨小学任教，建立观音洞地下交通联络站。

金坡寺原貌

王世铭、杨朝栋、黄邦宁、何思问到阿三寨小学后，一方面做好发动群众的工作，另一方面做好交通联络站的工作。他们白天教书，晚上在学生付保甲、徐家诚、何保义等带领下，以走访家长、亲友为名，到村寨宣传和发动群众，建立弟兄会，很快在阿三寨、何家寨、夹沟、马家寨、里海寨等村建立起弟兄会 3 个，成员有李永祯、李永庭、何本初等 20 余人。随后，通过弟兄会会员的串联，使农民运动的活动区域迅速扩展到吴家叉沟、朗敞寨、沙坝等 20 余个村寨。在发动群众的同时，观音洞地下交通联络站圆满完成了孔永清、胡斌、张亮、喻秉坊、赵家禧等干部往来蒙自、屏边的接送及蒙屏护乡团武器弹药、物资的运送工作。观音洞地下交通联络站还筹集 20 余枚手榴弹支援屏边的武装斗争。有一次，蒙自县委派人护送一台收音机及 200 元半开银圆到蒙屏护乡团，途经阿三寨附近时被一个保丁劫走。交通员何思问、杨朝栋找到保长做工作，及时追回了被劫去的收音机和银圆，并安全护送到蒙屏护乡团。

冷水沟 战斗地

遗址简介

　　遗址位于蒙自市冷泉（因附近的三岔河水温低，俗称冷水沟，后雅化为冷泉）镇政府所在地，遗址距蒙自市区约 20 公里。原建筑无存，现为蒙自市冷泉镇政府办公场所。2011 年 3 月，冷水沟战斗地被中共红河州委、州人民政府确定为红河州革命遗址，2014 年，在镇机关办公区内建成革命遗址标志碑。

史实摘要

1950 年 1 月 16 日，解放军左路部队第四野战军第三十八军第一一四师第三四一团攻占蛮耗后，南逃之敌遂窜向红河上游的蛮板渡口。为抢在敌人前面占领蛮板，第一一四师决定派第三四〇团和边纵第一支队第十六团第一营经冷水沟直插卡房和蛮板。当天，第三四〇团到达蛮耗渡口后，稍作休整，即向冷水沟前进。

冷水沟是国民党冷泉镇公所所在地，居住着 200 多户人家，一面靠山，三面都是稻田。镇公所位于一个小山头上，山下有一条小河，当地百姓称为冷水沟。冷水沟地形险要，是蒙自通往蛮耗的咽喉要地。国民党第二十六军补充一团和第五七九团第三营各一部，凭借险要地势，盘踞街内，构筑工事，并将指挥所设在冷泉镇公所内。

从蛮耗到冷水沟山高坡陡，道路崎岖，行军困难。炮兵更辛苦，马匹根本用不上，一门门炮完全分解开后用人扛着走。快到山顶时，陡峭的山路像刀切一般，炮兵第一连的战士们根本无法扛着炮身爬到山顶。后来，炮兵第一连集中全连的绳子，捆绑在炮身上，上面的炮手用力往上拉，下面的炮手尽力往上抬，费尽九牛二虎之力才将两门九二步兵炮抬到山顶。

经一夜的艰苦行军，1950 年 1 月 17 日晨 6 时许，第三四〇团和边纵第一支队第十六团第一营赶到冷水沟。这时，接到第一五一师报告，国民党第二十六军主力正向蛮板方向逃窜。第三四〇团领导当即决定，攻打冷水沟守敌的任务交由步兵第一营、炮兵第一连完成，团主力和边纵第一支队第十六团第一营继续向卡房蛮板追击。7 时 30 分，冷水沟战斗打响。经两个多小时激战，第三四〇团步兵第一营和炮兵第一连占领冷水沟，打死打伤守敌数十名，俘获敌副团长 1 名及以下官兵 367 人，缴获一批枪支弹药。战后，炮一连荣获"战斗模范连"光荣称号。

冷水沟战场

蒙自老飞机场 战斗地

遗址简介

遗址位于蒙自市新安所镇复兴庄村西北面，现已被石榴树覆盖，遗迹无存。2011 年 3 月，蒙自飞机场战斗地被中共红河州委、州人民政府确定为红河州革命遗址。

史实摘要

解放战争后期，驻云南的蒋介石嫡系部队有驻昆明的第六编练司令部和驻曲靖的陆军总司令部。第六编练司令部由李弥任司令，余程万、曹天戈、傅克军任副司令，下辖驻沾益的第八军和驻开远的第二十六军。驻曲靖的陆军总司令部由汤尧率领，下辖警卫团、炮兵训练营、工兵训练营、炮兵学校、宪兵第十八团、宪兵第二十三团和收容各方面溃散游杂兵编成的第三七〇师。

攻陷蒙自机场

1949 年 12 月 9 日，国民党云南省政府主席卢汉在昆明宣布起义，并扣留了国民党第八军军长李弥、第二十六军军长余程万等。卢汉起义的第二天，国民党陆军总司令顾祝同从台湾给在曲靖的国民党陆军总司令部参谋长汤尧发来急令，正式任命汤尧为国民党陆军副总司令兼参谋长，监督云南军政事务；命令曹天戈接替李弥任第八军军长，彭佐熙接替余程万任第二十六军军长。1949 年 12 月 15 日，汤尧指挥国民党第八军从沾益、第二十六军从开远等地向昆明发起进攻，企图威逼卢汉，阻止解放军入滇。解放军第二野战军司令员刘伯承、政委邓小平即令驻贵州的第二野战军第五兵团第四十九师疾进云南，驰援昆明。汤尧所部深恐被歼于昆明地区，便于 12 月 22 日撤离昆明，26 日退至滇南的蒙自、个旧、建水、石屏等地区，并向蒙自新安所、芷村、鸣鹫和开远中和营、巡检司一线派出警戒部队，企图利用滇南人口较多、物产丰富、交通发达、地势险要、距国境线较近的战略地位，建立反共基地，负隅顽抗。在抵抗不成、迫不得已时，通过蒙自机场及通往国境的道路，由空中、陆路逃往台湾、海南岛或越南、老挝、缅甸，等待时机，卷土重来。

为全歼滇南之敌，中央军委命令驰援昆明的解放军暂时停止追击，以麻痹敌人，防止敌人逃至境外；同时命令位于广西百色、南宁等地的第四野战军第十三兵团第三十八军主力第一一四师、第一五一师和第二野战军第四兵团第十三军第三十七师、第三十八师、第三十九师，由二野第四兵团首长统一指挥，立即向云南进军。

1950 年 1 月 4 日，中国人民解放军第二野战军第四兵团党委在广西南宁召开扩大会议，党委书记、司令员兼政委陈赓作出战役部署：令第四野战军第十三兵团第三十八军主力第一一四师、第一五一师及边纵第一支队为左路部队，经富宁、文山直插马关、河口、金平，断敌陆上逃路；令第二野战军第四兵团第十三军第三十七师、第三十八师、第三十九师为中路部队，经百色、富宁、砚山、文山向开远、蒙自方向兼程急进，首先夺占蒙自飞机场，断敌空中逃路；令边纵和卢汉起义部队各一部为右路部队，由昆明南下阻击西逃之敌，配合主力作战；令二野第四兵团第十四军和第十五军作为预备队，由滇东和滇东北方向进入云南。然后，在边纵各支队配合下，聚歼敌人于云南境内。陈赓要求各部队发扬连续作战的作风，不顾疲劳，加强协作，密切配合，不怕牺牲，快速前进，大胆迂回，"先兜后歼"，务必将国民党第八军、第二十六军全歼于国境线内，免除后患。

按照第二野战军第四兵团部署，解放军中路部队第二野战军第十三军政委刘有光和副军长陈康率领第三十七师第一〇九团、第一一〇团，第三十八师第一一三团、第一一四团为第一梯队，从南宁向蒙自进发。部队抵达广西百色后，抛下重武器和背包，只带轻武器和干粮，日夜兼程。担任前卫的第三十七师在师长周学义、政委雷起云的率领下，行动神速，日行50至100余公里，每天休息时间由6小时、4小时减少到2小时，最后除去吃饭时间，就是赶路。因连续作战、长途跋涉，干部战士已疲劳到极限，一些战士倒下去就再也没起来。第三十七师第一〇九团、第一一〇团翻山越岭，历尽艰辛，行程900余公里，先头部队于1950年1月13日进至砚山及其以东地区。由于国民党国防部已命令第二十六军准备空运台湾整训，此时第二十六军已全部聚集蒙自地区，疯狂抢劫财物，利用蒙自机场开始向台湾空运眷属和重要物资，并派出第五七八团在蒙自东北的鸣鹫警戒掩护空运。

1950年1月15日，解放军第三十七师进至距蒙自县城约40公里的洒戛竜和鸣鹫，发现驻在这里警戒的国民党第五七八团正在挖工事、修碉堡，并在阵地上布置了重机枪、轻机枪、迫击炮。又据从蒙自城里逃出的群众报告：国民党第二十六军正向蒙自机场周围聚集，准备空运逃往台湾；国民党第八军第四十二师已来蒙自接防，正在找房子、寻铺草、架电线，抓人抢修工事。为不打草惊蛇，第三十七师师长周学义决定绕过鸣鹫之敌，直捣蒙自，抢占机场，并令第一一〇团绕道石洞，主攻蒙自机场；令第一〇九团绕道东山，前往蒙自机场南侧，配合第一一〇团歼灭机场及南侧之敌。第一一〇团和第一〇九团迅速绕过在洒戛竜、鸣鹫警戒的国民党第五七八团。当晚20时，天一黑，第一一〇团以迅雷不及掩耳之势，消灭了在布衣透、黑龙潭等地巡逻的国民党第五七七团第三营，利用夜幕掩护包围了蒙自机场。令战士们纳闷的是，飞机场静得如一潭死水，居然没有一丝动静。原来，敌人根本没料到远在1000多公里之外的野战军会如此神速地赶到。更为巧合的是，当夜正值国民党第八军与第二十六军交接，已经聚集蒙自的第二十六军准备从第二天开始坐飞机逃到台湾，故而放松了警戒。国民党陆军副总司令汤尧，当晚还在蒙自剧院看戏。城东传来的零星枪声曾让汤尧为之一震，一军官洋洋自得地对汤尧说："总座不必惊惧，共军主力离蒙自尚远，咱们的警戒部队均在40公里以外，几声零散枪声，

解放蒙自（赵建柱 画）

不过是区区'土共'袭扰，还是好好看戏。"因此，汤尧就没有在意。

1950年1月15日晚22时许，解放军第三十七师第一一〇团趁敌不备，突然发起攻击。第一一〇团第一营、第二营分路向机场迂回，第三营营长安玉峰率领300名勇士，穿过坟地、越过沟渠、绕过稻田，悄悄摸进机场。第三营第八连特等功臣常华堂带领尖刀班，伪装成国民党军的巡逻队，摸到敌机场的跑道边，歼灭了守卫飞机的敌军。停在跑道上的飞机，一架仓皇起飞，一架正准备起飞时被尖刀班击中后熊熊燃烧，一架被完整缴获。随即，在第三营营长安玉峰灵活机动的指挥下，常华堂率第八连战士冲进敌空军指挥所，连续占领了4座营房。第一营、第二营也同时冲进敌军两个驻地。正在看戏的汤尧听到外面震耳欲聋的枪炮声，方知大事不妙，在卫兵的保护下坐上吉普车驶向城南机场，打算坐飞机溜走。但见机场上空浓烟滚滚，汤尧凭直觉感到机场完了，便慌忙调转车头，向西逃窜。汤尧急令第二十六军向个旧方向撤退，令第八军和第八兵团部向建水方向退却，妄图从陆上逃往国外。解放军第一一〇团在第一〇九团的配合下，经6个小时激战，于1月16日凌晨4时攻占蒙自机场。这次战斗，击毁、俘获敌机各1架，歼灭国民党第二十六军九十三师、第一九三师各一部，俘虏官兵1500余人，缴获战防炮、山炮11门及大批武器弹药和军用物资。

1950年1月16日凌晨6时，第一一〇团乘胜一举攻下蒙自县城，再歼敌1300余人，蒙自县城宣告解放。

闻一多先生纪念碑

遗址简介

　　遗址建于1988年,位于蒙自市南湖公园观鱼池旁。闻一多先生纪念碑和纪念亭占地面积400平方米,保存完好。1997年4月,闻一多纪念亭被中共蒙自县委、蒙自县人民政府命名为县级爱国主义教育基地。2011年3月份被中共红河州委、州人民政府确定为红河州革命遗址。

闻一多纪念亭

史实摘要

　　1938 年 4 月，西南联大文学院、法商学院南迁至蒙自办学，合并为"文法学院"，又称西南联大蒙自分校。闻一多同 200 多名师生一起从长沙步行，历时 70 天，走了上千公里后到达昆明，随后来到设在蒙自的西南联大文法学院任教。1938 年 5 月，闻一多在给友人张秉新的信中说："蒙自环境不恶，书籍亦可敷用，近方整理诗经旧稿，索性积极，对国家前途只抱乐观。前方一时之挫折，不足使我气沮，因而坐废其学问上之努力也。"闻一多先生居住在哥胪士洋行二楼东侧，居室面积 14 平方米。来到蒙自后，闻一多潜心于学术研究，经常埋头研究古代文化典籍。除了吃饭、上课之外，他难得下楼一次。郑天挺教授见他闷闷不乐，劝他"何妨一下楼"。此话传出，教授们遂称闻一多的居室为"何妨一下楼"。1946 年 7 月 15 日，闻一多在参加悼念李公朴先生大会后回家的路上，被国民党特务杀害，倒在了民主道路上，但其作品和精神却永远留在了人们心中。

闻一多先生纪念碑（记）

闻一多先生（1899～1946），原名家骅，又名闻多，湖北省浠水县人，早年毕业于清华学校。曾留学美国。归国后历任北平艺专，武汉、青岛、清华等大学教授。1944年参加中国民主同盟，为民盟主要领导人之一。

1937年，抗战开始，清华、北大、南开三校在长沙组成长沙临时大学，后因战局影响，1938年春西迁昆明，改名国立西南联合大学。闻一多教授经过同二百多学生历时七十天的三千五百里步行到达昆明后，又来到设在蒙自南湖之畔的联大文学院，他把全部热情投入研究和教学中。闻先生治学博大精深，立论石破天惊，博得举世学术界的景仰。他处世甘贫苦节，疾恶如仇，对人肝胆相照，刚直纯真，获得青年和广大人民由衷的爱戴，也给蒙自人民留下了难忘的记忆。

曾有人问闻先生："南湖与翠湖，你更爱哪一个？"闻先生说："南湖像纯朴秀丽的农家少女，我更爱南湖。"他和朱自清先生都是

南湖公园内的闻一多雕像

南湖诗社的导师。

闻先生曾说："诗歌是鼓，今天的中国是战斗的时代，需要鼓，诗人就是鼓手。"他本人已从一个卓越的爱国学者发展成为一名为民族为人民而勇猛战斗的民主战士。他以火的语言，气势磅礴的声音，为民主奔走呼号。在 1946 年 7 月 11 日李公朴先生遇难后，他在 15 日李先生追悼会上，发表了著名的《最后一次演讲》，以惊雷的霹雳，拍案怒斥反动派的倒行逆施，不幸于当天傍晚归家途中被埋伏的国民党特务暗杀。闻先生的死，激起了全国人民的义愤和进一步觉醒，引起国际震惊和广泛的声援。闻一多永远活在人民的心里。

蒙自县开展精神文明建设，在南湖公园修建闻一多先生纪念亭，用闻一多的高尚人格教育人民，用意是很深远的。

国家语言文字工作委员会副主任委员、中国社会科学院研究生院教授受业王均撰文，中国书法家协会云南省分会主席、云南文史馆名誉馆长李群杰书丹

公元一九八八年十月十五日中共蒙自县委员会、蒙自县人民政府敬立

最后一次讲演

闻一多

这几天，大家晓得，在昆明出现了历史上最卑劣最无耻的事情！李先生究竟犯了什么罪，竟遭此毒手？他只不过用笔写写文章，用嘴说说话，而他所写的，所说的，都无非是一个没有失掉良心的中国人的话！大家都有一支笔，有一张嘴，有什么理由拿出来讲啊！有事实拿出来说啊！为什么要打要杀，而且又不敢光明正大地来打来杀，而偷偷摸摸地来暗杀！这成什么话？

今天，这里有没有特务？你站出来！是好汉的站出来！你出来讲！凭什么要杀死李先生？杀死了人，又不敢承认，还要诬蔑人，说什么"桃色事件"，说什么共产党杀共产党，无耻啊！无耻啊！这是某集团的无耻，恰是李先生的光荣！李先生在昆明被暗杀，是李先生留给昆明的光荣！也是昆明人的光荣！

去年"一二·一"昆明青年学生为了反对内战，遭受屠杀，那算是青年的一代献出了他们最宝贵的生命！现在李先生为了争取民主和平而遭受了反动派的暗杀，我们骄傲一点说，这算是像我这样大年纪的一代，我们的老战友，献出了最宝贵的生命！这两桩事发生在昆明，这算是昆明无限的光荣！

反动派暗杀李先生的消息传出以后，大家听了都悲愤痛恨。我心里想，这些无耻的东西，不知他们是怎么想法，他们的心理是什么状态，他们的心怎样长的！其实简单，他们这样疯狂地来制造恐怖，正是他们自己在慌啊！在害怕啊！所以他们制造恐怖，其实是他们自己在恐怖啊！特务们，你们想想，你们还有几天？你们完了，快完了！你们以为打伤几个，杀死几个就可以了事，就可以把人民吓倒了吗？其实广大的人民是打不尽的，杀不完的！要是这样可以的话，世界上早没有人了。

你们杀死一个李公朴，会有千百万个李公朴站起来！你们将失去千百万的人民！你们看着我们人少，没有力量？告诉你们，我们的力量大得很，强得很！看今天来的这些人都是我们的人，都是我们的力量！此外还有广大的市民！我们有这个信心：人民的力量是要胜利的，真理是永远要胜利的，真理是永远存在的。历史上没有一个反人民的势力不被人民毁灭的！希特勒，墨索里尼，不都在人民面前倒下去了吗？翻开历史看看，你们还站得住几天！你们完了，快了！快完了！我们的光明就要出现了。我们看，光明就在我们眼前，而现在正是黎明之前那个最黑暗的时候。我们有力量打破这个黑暗，争到光明！我们光明，恰是反动派的末日！

李先生的血不会白流的！李先生赔上了这条性命，我们要换来一个代价。"一二·一"四烈士倒下了，年轻的战士们的血换来了政治协商会议的召开；现在李先生倒下了，他的血要换取政协会议的重开！我们有这个信心！

"一二·一"是昆明的光荣，是云南人民的光荣。云南有光荣的历史，远的如护国，这不用说了，近的如"一二·一"，都属于云南人民的。我们要发扬云南光荣的历史！

反动派挑拨离间，卑鄙无耻，你们看见联大走了，学生放暑假了，便以为我们没有力量了吗？特务们！你们看见今天到会的一千多青年，又握起手来了，我们昆明的青年决不会让你们这样蛮横下去的！

反动派，你看见一个倒下去，可也看得见千百个继起的！

正义是杀不完的，因为真理永远存在！历史赋予昆明的任务是争取民主和平，我们昆明的青年必须完成这任务！

我们不怕死，我们有牺牲的精神！我们随时像李先生一样，前脚跨出大门，后脚就不准备再跨进大门！

蒙自 革命烈士纪念碑

遗址简介

　　遗址位于蒙自市南湖公园内，建于 1961 年。蒙自革命烈士纪念碑四周为草坪。碑为方形，青石与混凝土构造，通高 10.60 米，占地面积 14 平方米，整座纪念碑由两层台基、围栏、四面踏道、碑座、碑身、攒顶构成。碑身四面有阴刻金书大字，北面为"革命烈士纪念碑"，东面为"万古长青"，西面为"永垂不朽"，南面为"一九六一年十一月一日建立"。碑座正面为碑记，三面为烈士事迹，均为楷书阴刻。1983 年 10 月，蒙自革命烈士纪念碑被红河州人民政府公布为州级文物保护单位。2011 年 3 月份被中共红河州委、州人民政府确定为红河州革命遗址。

史实摘要

　　1961 年，中共蒙自县委、蒙自县人民委员会和驻蒙中国人民解放军共同在南湖修建革命烈士纪念碑，纪念在土地革命战争时期牺牲的烈士李鑫、杜涛、巨伯年、戴德明以及在 1953 年剿匪中光荣牺牲的战斗英雄袁遂孩、罗星昌等烈士。

蒙自 革命烈士陵园

遗址简介

遗址位于蒙自市小新寨水库旁，保存完好。2007年9月，蒙自革命烈士陵园被红河州人民政府公布为州级文物保护单位，2009年3月被国务院列为全国重点烈士建筑物保护单位。1998年3月被中共红河州委、红河州人民政府命名为州级爱国主义教育基地，1998年11月和2009年8月被中共云南省委、云南省人民政府命名为省级爱国主义教育基地，2011年3月份被中共红河州委、州人民政府确定为红河州革命遗址，2011年6月被中共红河州委、红河州人民政府命名为中共党史教育基地。

1950年1月，在蒙自县城东南郊复兴庄旁修建蒙自烈士陵园。1979年2月，我边境自卫反击作战时，对蒙自烈士陵园进行迁移重建，在蒙自小新寨水库旁新建蒙自烈士陵园，更名为"蒙自革命烈士陵园"。蒙自革命烈士陵园占地56494.9平方米，陵园正大门上有宋任穷题写的"蒙自烈士陵园"门额，正中央矗立着16.4米高的烈士纪念碑，碑上镌刻着邓小平题写的"人民英雄永垂不朽"八个金色大字。陵园内建有烈士事迹陈列室，陈列展出部分烈士事迹、遗物；建有多媒体查询平台、音视频宣传屏幕，烈士家属接待站、住宿室，以及能容纳数千人的悼念广场。

史实摘要

蒙自革命烈士陵园主要安葬土地革命战争时期、解放战争时期、社会主义革命和建设时期牺牲的 20 个省、市、自治区 256 个市县的烈士 509 人，其中墓地安葬 432 人，骨灰保存 77 人；共产党员 117 人，共青团员 151 人；一等功臣 6 人，二等功臣 32 人，三等功臣 234 人。蒙自革命烈士陵园安葬有土地革命战争时期牺牲的中共云南省临委委员、中共迤南（蒙个）

烈士墓

区委书记李鑫烈士，省临委候补委员、中共迤南区委书记杜涛烈士，个碧铁路蒙自车站党支部书记巨伯年烈士；有钢铁战士、一级战斗英雄、一等功臣李启，钢铁战士、二级战斗英雄、一等功臣何军林，一等功臣程相玉、赵加毕、吴秀林、者安贵等。

蒙自地下革命活动大事记

（1927 ~ 1950）

1927 年 2 月　杜涛随王德三从广州回到昆明后，主动要求回家乡蒙自开辟革命工作。

1927 年 4 月　中国共产党蒙自支部正式成立，书记杜涛。支部直属省特委，是云南省第一批成立的县级基层党组织。

1927 年 4 月　蒙自县农民协会成立，成为云南省成立农民协会最早的 11 个县之一。

1927 年 4 月　在中共蒙自支部的领导下，云南省妇女解放协会蒙自分会正式成立，负责人孔惠贞，会员 200 余人，属云南省第一个成立妇女解放协会分会的县城。

1927 年 6 月　蒙自海关工会、滇越铁路蒙自碧色寨装卸工会成立。标志着蒙自工人阶级的觉醒，共产党领导下的蒙自工人运动从此拉开了序幕。

1927 年 7 月　受中共云南省特委委派到蒙自火车站机修厂工作的中共党员巨伯年与共产党员梁福如一起，到个碧铁路蒙自机修厂从事工运工作，在工人中组成"劳工堂"，成立个碧铁路公司蒙自机械工会，由巨伯年、梁福如负责。

1927 年 7 月 14 日　在中共蒙自支部的领导下，蒙自县学生联合会成立大会在县城土主庙（今第二小学）举行。参加大会的有城区中、小学校及新安所、大屯等地的师生约 3000 人。当日，蒙自学联成立，组织上街宣传。时值法国国庆节，法国人在东门外哥胪士酒店举行宴会，以戏弄、侮辱中国人作乐。杜涛领导学生和围观群众进行抗议斗争，法国人鸣枪威吓，激起群众义愤，用砖瓦、石块回击，法国人逃至蒙自道尹公署躲避。

1927 年夏　中共蒙自支部书记杜涛在倘甸发动 60 余户农民向屯粮富户开展说理斗争，借粮万余斤，帮助贫困农民度过夏荒。

1927 年 12 月　中国共产党迤南（蒙个）区委员会在蒙自成立，直属云南省临委，区委书记李鑫。迤南区委属云南省建立最早的区委，负责领导蒙自、个旧、临安（建水）、石屏及滇越铁路南段的弥勒、阿迷（开远）、开化（文山）、马关、靖边（屏边）、河口等县的工作。同时，中共蒙自县委成立，直属中共迤南区委领导，书记陈廷禧。

1928年1月　中共迤南区农民代表会议在蒙自小东山村召开。中共云南省临委书记王德三在会上讲话，号召贫苦农民团结起来，彻底推翻封建势力，打倒地主恶霸，做真正的主人。

1928年1月　省临委党员训练班由王德三、吴澄带领从昆明临江转移到蒙自县小东山村关圣庙继续举办，为期一周，参训人员30余人。

1928年1月　蒙自县小东山村农协会员高自明因住房失火，焚毁重建。黑龙潭（俗称石头坡）车站路警分局长丁荣常诬陷高自明砍铁路护路树盖房，拉走驮马，将其抓住捆绑吊打，准备送开远路警总局查办。为营救高自明，杜涛派农协干部几经交涉无效后，率小东山村农协会员、省训练班学员及城区部分工人和城防团兵等200多人，持锄头、扁担、棍棒、梭镖包围黑龙潭火车站，救出高自明。此次武装行动史称"小东山暴动"，是中国共产党在云南组织领导的第一次武装暴动。

1928年2月　迤南区第一次党员代表会在蒙自召开，选举产生第一届中共迤南区委，李鑫继任区委书记。

1928年3月　吴澄在蒙自倮倮寨（今复兴庄）主持召开迤南区农会干部会，与会干部40余人。

1928年4月　中共云南省临委在蒙自召开迤南区第二次党员代表会议。按照"各级党部必须提拔工农党员到主要领导岗位上来接替知识分子出身的干部"的规定，会议改选中共迤南区委和蒙自县委，选举产生中共迤南区委委员5人，倘甸龙潭口村石匠奎朝富任书记，知识分子出身的李鑫由书记改任副书记，杜涛任副书记，小东山村农民党员孔发贵等为委员。改选后的中共蒙自县委，陈廷禧继任书记，增选吴澄、吴少默、黄明俊为县委委员。

1928年5月　党组织派黄明俊到蒙自查尼皮村任教，开辟党在少数民族聚居地区的工作，发展中共党员，建立党组织，开辟新的革命据点。

1928年6月　迤南区委在蒙自召开第三次党员代表大会，根据中共中央的指示精神，纠正各级党组织主要领导由工农分子担任，知识分子充当秘书，造成工作停顿的被动局面，对迤南区委再作改选，杜涛任迤南区委书记，李鑫负责个旧工人运动。

1928年7月　经中共蒙自县委批准，建立迷拉地火车站党支部，书记陈家铣，隶属中共蒙自县委。迷拉地党支部建立后，在滇越铁路沿线的碧色寨、落水洞等车站进步工人中培养和发展中共党员6人、共青团员17人，从此，拉开了滇越铁路线上工人运动的序幕。

1928年8月初　中共云南省临委为培养工农干部，在蒙自查尼皮村举办工农干部培训班，参加学习17人（工人3人，农民10人，学生4人），选拔工人干部2人，农民干部4人。

1928年秋　蒙自县芷村团兵党支部、蒙自县城市党支部、蒙自县城区常备队党支部分别成立，使党在蒙自的基层组织进一步得到增强。

1928年9月　在中共云南省临委、迤南区委的直接领导下，中共蒙自县委在小东山、查尼皮、新安所等地的农协会员中选调人员和枪支，组成一支拥有30余人枪的查尼皮游击队，由中共党员伄三、李志高分别担任队长、副队长。这是中共云南地方组织领导的第一支游击武装。

1928年10月13日　中国共产党云南第一次代表大会在蒙自县查尼皮村共产党员李开文的茅草屋内召开。会期两天。与会代表共17人。会议通过《中国共产党云南第一次代表大会决议案》，其中包括《云南现状与党的任务决议案》《组织任务决议案》《职工运动决议案》《农民运动决议案》等，选举产生第二届中共云南省临时委员会。

1928年10月　中共云南省临委根据中共八七会议精神及靖边加衣一带农民反对地主杨用之、甘寅东收租的情况，决定于10月31日利用迤南民间"吃大賨（cong）"的习俗为名筹办伙食，组织加衣一带农民举行秋收暴动。10月30日，以小东山—查尼皮游击队为骨干的蒙自农民武装不畏艰难按时赶到加衣村。但由于计划不周密，动员不扎实，其他农民武装未按计划集中等原因，行动委员会临时决定中止原计划的执行。

1928年11月7日　阿加邑秋收暴动失败后，杜涛到滇越铁路迷拉地车站与刘林元研究重整队伍再行举事，返回到迷拉地车站旁的跌路桥时，被团丁逮捕。

1929年2月　迤南特区委建立后，蒙自召开党员代表会，改选中共蒙自县委。改选后的蒙自县委由5名委员组成，设常委3人，书记陈家铣。

1929年2月1日　王德三在蒙自召开中共迤南特别区委员会成立会议，选出常委3人，书记王德三，陈廷禧负责工运，李静安负责农运，秘书金榆林（郑易里、郑雨笙）。

1929年春　省临委书记张永和到蒙自查尼皮村主持召开迤南区工作会议，了解迤南区党组织情况和工农运动情况，强调农村武装斗争，抓紧做好工运工作。参加会议的有张乃猷、李静安、马逸飞、刘林元、李鑫、武焕章、陈廷禧、陈家铣、李开文等人。

1929 年春　中共蒙自县迷拉地支部划归滇越铁路党支部领导，成立中共蒙自县迷拉地分支部。

1929 年 2 月　中共个碧铁路蒙自车站党支部成立，书记巨伯年，隶属蒙自县委领导。

1929 年 3 月　中共个碧铁路蒙自火车站党支部发动和领导个碧铁路全线员工要求加薪的罢工斗争，提出大工加薪 70%，小工加薪 80% 的要求。罢工开始后，中共迤南特别区委制定个碧铁路加薪斗争工作大纲，加强对罢工斗争的领导。罢工斗争持续 1 个星期，以铁路公司被迫加正薪 20%、津贴 20% 而告结束。这是云南铁路史上第一次工人大罢工，参加罢工斗争的工人达 3000 人，沿线所有车站的工人都投入了罢工。

1929 年 4 月　中共蒙自县委为加强党的基层组织建设，在小东山一带成立水坝区委，在查尼皮一带成立山后区委，在倘甸一带成立倘甸区委，区委成员从各区所属的党支部选人参加，各以 3 至 5 人组成。

1929 年 5 月　中共云南临时省委召开二次全会，按照中共中央变更省临委常委的意见调整了常委，王德三改任省临委书记，刘林元任工委书记，张永和任迤南特区委书记。会后，根据省临委指示，刘玉瑞任中共蒙自县委书记（未到职，仍由陈家铣兼任）。刘林元调省工作，张永和被派到滇军部队做军运工作，迤南特区委工作仍由王德三兼管，特区委机关由蒙自迁到个旧。

1929 年 6 月　在中共迷拉地（芷村）火车站党支部领导下，滇越铁路阿迷至迷拉地段 200 名工人举行反对铁路当局无理开除工人的罢工斗争，取得胜利。

1929 年夏　省临委根据中共中央指示精神，撤销中共迤南特区委和中共蒙自县委，建立中共蒙自中心县委，领导个旧、阿迷、开化、马关、个碧铁路支部和蒙自县属的 14 个支部的工作。

1929 年 12 月　佴三率领的查尼皮游击队，于小麦冲将长期在麦冲一带设卡，抢劫过往商旅，奸污上山妇女的以东村董永寿、董永奎为首的麦冲"保路队"地霸武装铲除，毙敌 9 人，缴获长枪 9 支，解救出妇女 2 人，击毙匪首董氏兄弟，史称"小麦冲剿匪"。

1931 年 4 月～5 月　随着中共云南省委主要领导人相继被捕英勇牺牲，中共云南省委机关完全被破坏，蒙自县委党组织和党员失去了与上级党组织的联系，被迫停止组织活动。

　　1938年4月　西南联大蒙自分校——文法学院到蒙自开办分校，租用蒙自海关、法国领事馆、法国医院和哥胪士洋行作为校舍。5月4日西南联大蒙自分校——文法学院正式复课。9月迁往昆明。

　　1939年4月13日　蒙自首次遭到日机空袭。县城居民共被炸死、烧死131人，炸伤228人，炸毁房屋133间，震坏房屋157间。至1944年日机最后一次轰炸县属鸡街为止，6年间日机轰炸蒙自27次，平均每年轰炸4.5次；出动飞机292架次，平均每年出动飞机48.7架次；投弹1627枚，平均每年投弹271.2枚，导致居民直接死亡487人，炸伤352人，平均每年死亡80人。

　　1939年　中共党员蒲光宗、吴诚格、尹义（尹宗藩）、张绍华以教师职业为掩护，隐藏在个（旧）蒙（自）高级工业职业学校，组织师生进行抗日宣传，演戏募捐，支援抗日前线。

　　1943年秋　草坝蚕业新村股份有限公司以工读生名义到省外招生。赵希克等青年应招报到后，对公司违背许诺、降低待遇的做法义愤不平。在中共党员、工读学校校长向希平的领导下，赵希克等进步青年为争取工读生待遇开展了罢工斗争，迫使公司恢复了工读生待遇，缩短了劳动时间，斗争取得了胜利。

　　1943年下半年　分管滇东南和滇南地区工作的中共云南省工委委员刘清，通过蒙自草坝地下党员戴澄江的关系，到草坝小学以教师职业为掩护，用半年多时间对建水、石屏、蒙自、开远等地情况进行了解，清理党的组织关系。

　　1945年　在1939年与党组织失去联系的共产党员白华经共产党员、滇军第六十军特务营营长张仕敏同意，应新安中心小学校长王慈善的聘请到该校任音乐教员。白华在校内教学生唱《大刀进行曲》《牺牲已到最后关头》《延水谣》《最后的胜利属于我们》等抗日歌曲，宣传抗日救国思想。

　　1947年1月　中共党员孔永清受党组织委派到蒙自恢复党的组织，在新安地区建立了第一个革命工作据点，培养了一批骨干。

　　1948年3月　中国共产党蒙自县委员会正式恢复，书记孔永清，副书记马慧，委员张子林，隶属中共开广工委领导。

　　1948年11月　经中共蒙自县委批准，中共冷泉临时支部成立，万福麟任书记。中共冷泉临时支部是中共蒙自县委在解放战争时期在蒙自山区建立的第一个党支部，直属中共蒙自县委领导。

1948 年 12 月　经中共蒙自县委批准，草坝蚕种场共产党、民青混合支部成立，直属中共蒙自县委，支部书记赵希克。

1949 年 2 月　中共滇南地工委为连通蒙自、屏边与个旧矿区的重要通道，开辟屏边工作，决定撤销冷泉临时党支部，建立中共冷泉区委员会，万仁麟任区委书记。中共冷泉区委隶属滇南工委领导，仍与蒙自县委保持联系。

1949 年 3 月　经中共蒙自县委批准，中共蒙自文澜分校支部成立，直属县委领导，书记马可，组织委员李秀云，宣传委员吕洁芝。

1949 年 3 月　恢复中共蒙自火车站支部，书记史承典，直属中共蒙自县委领导。

1949 年春　中共冷泉区委牵头，地下民兵为主消灭冷泉匪首熊自和部一小队长蔺小忠，严重打击熊自和匪部，肃清了党在冷泉的地下工作障碍，保证了党在冷泉地区工作的顺利开展。

1949 年 4 月　县中与省立蒙自中学联合成立中共蒙自中学支部。

1949 年 4 月　经中共蒙自县委批准，草坝蚕种场党支部成立，书记许浩文，委员黄邦宁、普灿、张建华。党支部直属中共蒙自县委领导。

1949 年 6 月　中共蒙自县新安所支部成立，直属中共蒙自县委。

1949 年 6 月　经中共蒙自县委批准，成立东村党支部，直属中共蒙自县委。

1949 年 6 月　中共蒙自县委决定撤销临时党支部，成立中共蒙自县草坝区委员会，隶属中共蒙自县委领导，区委书记谢树功，副书记李锦铭，组织委员王成，宣传委员陆士忠。区委下辖大郭西支部、大水塘党支部、假邑党支部、长冲党支部。

1949 年 7 月　根据滇南地委扩大会议精神，中共屏边县委在冷泉镇黑山村成立。

1949 年 7 月下旬　中共蒙自县城中区委员会成立，隶属蒙自县委，书记由赵希克兼任，下辖蒙自中学党支部、蒙自火车站党支部和蒙自城中店员党、民青混合支部。

1949 年 7 月　中共蒙自县东南区委员会成立，隶属蒙自县委，书记由赵家禧担任，下辖新安所镇党支部、小东山党支部和多法勒共产党、民青混合支部。

1949 年 7 月　中共蒙自西南区委员会成立，隶属蒙自县委，区委书记刘永富，下辖大屯矿业公司党支部、龙头寨党支部、十里铺党支部。

1949 年 8 月　中共蒙自县芷莫区委员会成立，隶属蒙自县委，书记由向东升担任，区委下辖阿乌白、查尼皮、迷拉地 3 个党支部。

1949 年 9 月　中共蒙自县鸡街区委员会成立，隶属蒙自县委，书记纳忠发。

1949 年 11 月　中共蒙自县委从蒙自农村和草坝蚕种场、个碧石铁路、省立蒙自中学、县立蒙自中学等地动员参军工人、农民、学生以及李天光的农民反蒋武装近180人，在屏边县腊梯，与屏边武工队合编为蒙屏护乡团一大队。

1950年1月15日22时许 解放军第十三军三十七师一一〇团在一〇九团的配合下，向蒙自机场发起进攻，于1月16日凌晨4时攻占蒙自机场，击毁、缴获飞机各1架，歼灭国民党第二十六军九十三师、一九三师各一部，俘虏国民党军1500余人，缴获战防炮、山炮11门及大批武器弹药和军用物资，切断国民党军队的空中逃路。

1950年1月16日6时 解放军第十三军三十七师一一〇团乘胜攻下蒙自县城，再歼国民党军1300余人，蒙自县城宣告解放。

1950年1月16日凌晨 解放军第十三军三十七师一〇九团向驻守在蒙自新安所镇的国民党军发起攻击，占领新安所镇。下午，在新安所镇东南的双胞塘包围国民党第二十六军一九三师五七九团所属两个营，迫使700余名官兵缴械投降。同日，解放军第三十八军一五一师从屏边奔袭蒙自，在蒙自新安所附近歼灭国民党第五七九团500余人，与解放军第一〇九团会合。

1950年1月17日上午 解放军第三十八军一一四师三四〇团步兵一营、炮兵一连由蛮耗经蒙自冷水沟前往蛮板渡口途中，向驻守蒙自县冷泉镇冷水沟的国民党第二十六军三六八师补充一团和一九三师五七九团三营发起攻击，打死打伤国民党军数十人，俘获国民党军副团长1人及以下官兵367人，缴获一批枪支弹药。

1950年1月26日 蒙自县欢庆蒙自解放军民联欢会在城西新营盘举行，解放军第十三军三十七师、三十八师，第三十八军一一四师、一五一师、边纵第一支队、第四支队、第十支队部分指战员（干部战士），蒙自县城各族各界人民群众计2万多人参加。第十三军副军长陈康，中国人民解放军滇桂黔边纵司令员庄田，第四支队政委饶华，中共蒙自县委副书记赵希克、"民卫"军司令员万保邦等在会上讲话。

后 记

　　革命遗址是党和人民的宝贵财富，蕴涵着革命先烈可歌可泣的革命精神，具有重要的历史价值、社会价值、教育价值，是开展党史教育、爱国主义教育、市情教育的重要阵地，也是开发红色旅游的重要载体。市史志办编辑出版《不朽丰碑——蒙自市革命遗址》一书，旨在从介绍革命遗址的角度，为读者学习党史打开一扇新的窗口，使读者能更多地了解地方党史，从中学习和继承光荣的革命传统，为新时期社会主义建设作出更大贡献。

　　市委、市政府历来十分重视革命遗址保护、开发、利用工作。自1989年以来，多次投入资金对中共云南一大会址进行修缮、改造。2011年，对西南联大蒙自分校旧址进行升级改造。2013年，在小东山村建成小东山革命历史陈列室。2014年，实施了革命遗址标志设立工程，对大部分革命遗址进行了立碑或镶牌，革命遗址保护工作得到全面加强。

　　载入本书的革命遗址共计32处，主要是以被列为"红河州革命遗址"的革命活动地点为基础，适当加以补充形成。应该说，全市绝大多数革命遗址基本都已收录书中，但仍存在"应收未收"的情况，并不是这些未收录的点不重要，主要是我们对这些点掌握的资料不足，有些资料的真实性还有待进一步论证。存在这样的情况是我们的遗憾，也是我们党史工作者的努力方向，需要我们进一步做好资料征研工作，今后逐步将这些点补进全市革命遗址目录中来。

　　此书编校虽数易其稿，但由于我们占有资料的有限性和水平不足，书中难免有疏漏和不足，恳请读者批评指正。

图书在版编目（CIP）数据

不朽丰碑——蒙自市革命遗址 / 中共蒙自市委党史研究室，蒙自市地方志编纂委员

会办公室 编 . —芒市：德宏民族出版社，2016.12

ISBN 978-7-5558-0648-6

Ⅰ.①不… Ⅱ.①中…②蒙… Ⅲ.①革命纪念地－

介绍－红河哈尼族彝族自治州 Ⅳ.①K878.2

中国版本图书馆CIP数据核字（2017）第013397号

书　　名	不朽丰碑——蒙自市革命遗址	
作　　者	中共蒙自市委党史研究室　蒙自市地方志编纂委员会办公室　编	
出版·发行	德宏民族出版社	责 任 编 辑　张家本
社　　址	云南省德宏州芒市勇罕街1号	责 任 校 对　银传秀
邮　　编	678400	装 帧 设 计　李开群
总编室电话	0692-2124877	发行部电话　0692-2112886
汉 文 编 室	0692-2111881	民 文 编 室　0692-2113131
电 子 邮 箱	dmpress@163.com	网　　址　www.dmpress.cn
制　　作	昆明美雅奇印务有限公司	
印　　刷	云南速盈印刷有限公司	
开　　本	787mm×1092mm 1/16	版　次　2017年3月第1版
印　　张	11.25	印　次　2017年3月第1次
字　　数	200千	印　数　1～1000册
书　　号	ISBN 978-7-5558-0648-6	定　价　60.00元

（如出现印刷、装订错误，请与承印厂联系调换事宜。印刷厂联系电话：0871-63302934）